萨拉热窝100年

SARAJEVO

[日] 梅原季哉 著　张大维 译

陕西新华出版传媒集团　陕西人民出版社

图书在版编目（CIP）数据

萨拉热窝100年/（日）梅原季哉著；张大维译. —
西安：陕西人民出版社，2019
ISBN 978-7-224-13208-3

Ⅰ. ①萨… Ⅱ. ①梅… ②张… Ⅲ. ① 萨拉热窝 - 历史
Ⅳ. ①K955.55

中国版本图书馆CIP数据核字（2019）第090889号

著作权合同登记号　图字：25-2018-114

出 品 人：宋亚萍
总 策 划：刘景巍
策划编辑：王颖华
责任编辑：管中洑　王颖华
封面设计：哲　峰　白明娟

萨拉热窝100年

作　　者　［日］梅原季哉
译　　者　张大维
出版发行　陕西新华出版传媒集团　陕西人民出版社
　　　　　（西安北大街147号　邮编：710003）
印　　刷　中煤地西安地图制印有限公司
开　　本　880毫米 × 1230毫米　1/32
印　　张　6.785
字　　数　119 千字
版　　次　2019年11月第1版
印　　次　2019年11月第1次印刷
书　　号　ISBN 978-7-224-13208-3
定　　价　39.00元

如有印装质量问题，请与本社联系调换。电话：029-87205094

译者序

本书是作者以其于2014年7月—2015年2月间刊载在《朝日新闻》上的《追溯萨拉热窝百年》(日语原名为《サラエボ100年をたどって》)为基础，重新编辑、修改、撰写之后的作品。

书中出现的人物的年龄和头衔，原则上以在《朝日新闻》上连载时的时间点为准。专有名词的片假名表记方式原则上以切合当地的发音为准，但若是日本媒体已经有固定译法，则有时也会采用其固定译法。

对于本书中经常涉及英语中的Nationalism这一概念，原则上译为“民族主义”，不使用“国家主义”“国粹主义”等译法。

对于国家的名称，如“南斯拉夫”“波斯尼亚和黑塞哥维那”等，除在第一次出现时外，酌情使用“前南”“波黑”等常用的简称。

目 录 CONTENTS

序章

这里只有战争吗？

当听到萨拉热窝这个城市的名字时，你会想起什么？

或者说，对于波斯尼亚和黑塞哥维那（即波黑）这个国家，你有多大程度的了解？

其实，对于我们来说，“萨拉热窝”“波黑”的意义实际上沦为了一个简单的文字符号。这个城市位于一个怎样的国家，这个国家拥有怎样的历史，要带着这些具体的问题去看待它们无疑会比较困难。

然而另一方面，在学校的历史、地理课上，或者在媒体的报道中，“萨拉热窝”“波黑”这些词汇却曾频繁出现。

教科书中描写的暗杀场景

我第一次知道“萨拉热窝”这个地名，是在小学高年级或者中学的历史课上。

隐约记得课上老师教我们，“萨拉热窝事件”即1914年6月28日奥匈帝国皇储在萨拉热窝遭到暗杀，这一事件是第一次世界大战的导火索。

教科书上有一张暗杀现场的粗糙的黑白照片，旁边写着一名塞尔维亚青年实施了暗杀。书上还提到了“发生在被称为‘欧洲火药桶’的巴尔干半岛的一角”这样的话。

然而即便如此，我仍旧完全搞不清楚“萨拉热窝”“波斯尼亚和黑塞哥维那”“南斯拉夫”“塞尔维亚”这些专有名词以及它们之间的相互关系。

总之，就是在一个遥远的日子，在一个遥远的地方，发生了一起刺杀事件。

经历过20世纪80年代的那一辈人，可能还记得曾经在电视或者新闻里见过1984年萨拉热窝冬奥会的情形。

那个时候我已是一名大学生，还记得当时在电视里收看萨拉热窝冬奥会开幕式。

穿着艳丽服饰的年轻人，在室外体育场载歌载舞。通过电视的画面，还可以看到临近雪山的城市的街景。虽然同年的洛杉矶奥运会进一步加快了奥运会商业化的进程，萨拉热窝冬奥会仍然能让人感觉到过去的田园牧歌式的氛围。

现在回过头来看，也许是因为萨拉热窝冬奥会是在社会主义国家南斯拉夫举办的，因此对它的运营模式产生了很大的影响。

当时的我心里认为，萨拉热窝的市民一定是一群质朴的人，对他们怀着一种模糊的好感。但也并不想去进行更多的了解。说到底，不过是发生在遥远国度的事情，所以我脑海里只留下了乌托邦般的印象。

然而在萨拉热窝冬奥会之后不到10年，进入20世纪90年代初，“萨拉热窝”“波黑”这两个专有名词开始每天都出现在新闻版面中，这里沦为了血腥的战场、民族纷争之地。

“互相杀戮”并不是历史的全部

1989年柏林墙倒塌，两年后苏联解体。冷战的结束，使国际关系发生了巨大的变动。

这一系列变动影响了欧洲，在巴尔干半岛出现了纷争。特别是当初被称作南斯拉夫的这一联邦国家在解体过程中，出现了以血还血的残酷内战。而其中的波黑内战持续了三年以上，并造成了大量人员伤亡。

脑海中还鲜明地记得1984年萨拉热窝冬奥会的情景，不久却看到了这座城市沦为战场的新闻，这给我带来了很大冲击。

报道中称，萨拉热窝被对峙的双方阵营包围，狙击手甚至将平民作为目标。之后市民购物的露天市场遭到炮击，将敌对方人员关进集中营，互相杀戮等悲惨的故事也渐渐广为人知。

同时，“种族清洗”等词也一夜间变得引人注目。“波什尼亚克族”“塞尔维亚族”“克罗地亚族”这些原本对大多数人来说非常陌生的民族，突然大量出现在了报道中。

同时也流传一种言论，称当地的民族对立深深扎根于历史，他们从很多个世纪前就开始了互相仇恨、互相残杀。

波黑内战时，我还只是一个初出茅庐的新人记者，没有去国外采访的机会，对现场的情况也不了解。我第一次去波黑和萨拉热窝采访已是 1997 年了。当地虽然还很荒凉，但是战争已经结束了。

1999 年，科索沃战争爆发，北大西洋公约组织（NATO）以此为由对南联盟（塞尔维亚）进行轰炸。在这次战争中，我始终待在当时南联盟的首都贝尔格莱德，进行了深度报道。

普遍认为这次战争的起因是阿尔巴尼亚人和塞尔维亚人的民族对立。对于在治下的科索沃自治省内寻求独立的阿尔巴尼亚族居民，塞尔维亚政府、军队、警察多次进行了违反人道的镇压，而北约以“人道主义干涉”为由，实施了轰炸。接下来塞尔维亚人驱逐了境内的阿尔巴尼亚人，数十万阿尔巴尼亚难民穿过国境逃往马其顿，造成了巨大的人道主义危机。

在持续了两个半月的空袭行动后，疲敝的塞尔维亚人同意停战，同意将科索沃置于国际管理下，事实上放弃了对科索沃的主权。阿尔巴尼亚人回到了科索沃，这次他们开始驱逐塞尔维亚人。

贯穿20世纪90年代，前南斯拉夫地区和“民族纷争的舞台”这一形象紧紧地联系在了一起。其中最为典型的、最大的战乱之地就是萨拉热窝，就是波黑。抱有这一看法的人越来越多。

然而这是历史的真相吗？

在那片土地上真的只有不同民族之间的战争、相互仇杀吗？

我认为不是那样的。

我也不曾想到，会对与自己毫不相干的巴尔干半岛的事情如此执着。这是我在长达十几年的时间里，在始终围绕前南斯拉夫地区的战争和历史进行采访后最真实的感受。

透过平民家史看萨拉热窝百年

将敌对的双方分开进行思考，确实能形成一幅“便于理解”的构图。然而在这样的构图中，若是舍弃了有名有姓的每个个体的故事，不就会漏掉很多东西吗？

在“波什尼亚克人”对“塞尔维亚人”这样的民族对立的构图下，往往会成为“我们有数百名同胞遭到了虐待”和“不，我们这边有数千人被杀害”这样一种受害者人数的攀比。在这个攀比中，每个人都不再有名有姓。

本书为了反对这种过于简单的、“容易理解”的构图，将伴随着有名有姓的个人的轨迹，以生活在首都萨拉热窝的平民家史为中心，记述波黑历史。

我认为，如果说造成众多人员死伤的前南斯拉夫地区的纷争、波黑内战的历史能给我们带来什么启示的话，那就是不要将多民族社会中发生的仇视、战争中发生的非人道行为简单地视为必然，而是要深层次地去思考是什么原因导致了这样的情况，如何才能阻止这样的悲剧。

如果带着“不同的民族注定会相互杀戮，历史上一贯如此”和“战争就是这样”的想法，就很难就过去的行为进行和解。

这一点对于现代的日本人来说，也绝不是同自身无关的话题。

复杂表面的背后

即使在东亚，20 世纪上半叶的战争所形成的隔阂仍然没有完全解开。

对于抱着“看看巴尔干半岛就会明白，不同民族之间注定会互相对立、互相杀戮”这样态度的人，我想说：这看起来似乎是很贴近现实的说法，然而实际上却是完全放弃了和解与共存、完全放弃了共同创造美好未来可能性的投降主义。

话虽如此，从断断续续在前南地区进行了十几年采访的经验来看，要将这一地区复杂的历史和地理知识以一种“容易理解”的方式讲述出来，无疑是一件非常困难的事情。

波黑的历史就像是一件由许多线织成的编织物一般复杂。

远看仿佛是一种颜色，靠近之后就会发现它是由许多颜色编织而成的。

本书最大的目的，就是沿着与这段历史相关的人们的人生轨迹，将在我们看来十分复杂的萨拉热窝的历史解释清楚。不过，我的目的并不是让读者知道这段历史有多么复杂，而是希望读者能够关注其背后存在的那些普遍性的东西。

在细致地分别讲述之前，我会首先在第一章简述一下到20世纪90年代内战开始前这一地区的历史。掌握了这些基础知识，有助于理解该地区复杂的形势。

而若是读者觉得比起这种教科书般的知识，更想看到一些“有名有姓”的人的具体故事，可以跳过第一章，直接从第二章读起。若是在阅读的过程中，遇到了一些历史事件的背景难以理解等问题时，再返回第一章参考一下，帮助理解。

梅原季哉

第一章

波黑简史

——从古代到20世纪80年代

东西分裂的源头

波斯尼亚和黑塞哥维那即波黑，位于欧洲东南部的巴尔干半岛。

从地图上看，它的国土被倒三角形状的国境线包围。

粗略来说，它的上方，也就是国家的北部和中部是“波斯尼亚”，而靠近下面那个角的南部则是被称为“黑塞哥维那”的地区。因此当地人将“波斯尼亚”和“黑塞哥维那”组合起来的“波斯尼亚和黑塞哥维那”作为自己的正式国名。

倒三角形的左边有一个很小的部分临海，在亚得里亚海海边拥有 20 千米左右的海岸线，而国土的大半则是被第拿里阿尔卑斯山脉(又称迪纳拉山脉)覆盖，这是一个多山的国家。

拥有 30 万左右人口的首都萨拉热窝是全国最大的城市，排在萨拉热窝后面也有几个 10 万人级别的城市，但整体来说国土的大半都是村庄和森林。因为位于群山之间，所以清晨时绿色的森林经常被浓雾所环绕。这样的风景仿佛让人感受到一种亘古不变的宁静。

现在的波黑地区的原住民是伊利里亚人。然而关于伊利里亚人的起源以及他们同其他民族的关系，至今尚未有定论。而在罗马共和国时期，罗马人进攻过来并开始统治这里，伊利里亚人开始逐渐被罗马同化并消亡。

公元 9 年，罗马第一任皇帝屋大维 · 奥古斯都统治时期，平定了伊利里亚人的最后一次叛乱，使现在的波黑地区完全并入了罗马的版图。

公元 395 年罗马帝国分裂时，以德里纳河为界，西侧也就是相当于今天的波黑地区归属西罗马，东侧也就是相当于今天的塞尔维亚则归属东罗马。

这一划分的影响，在某种程度上一直持续到了现代。

6—7 世纪时，斯拉夫人迁入了巴尔干半岛。在经历了和原住民的融合之后，形成了这样的民族身份认同：信奉罗马天主教的，成为克罗地亚人；信仰同属基督教体系，但是是从东罗马帝国(拜占庭)传播过来的、现今希腊和俄罗斯所信奉的东正教的那些人，成为塞尔维亚人。

中世纪时的波黑曾被克罗地亚人、塞尔维亚人以及匈牙利人统治过，直到 12 世纪时建立了独立的王国。

波黑地区曾经拥有众多的波格米勒派——基督教的一个分支——的信徒。波格米勒派信奉善恶二元论等独特教义，被视为异端，是一支受到东正教和天主教双方迫害的少数派。虽然中世纪时曾在巴尔干半岛流行，但是不久后便衰落，现在已经消失。

奥斯曼土耳其的统治

独立的波斯尼亚王国延续的时间并不久。1463 年，从南方来的奥斯曼土耳其帝国开始了他们的统治。波黑成为奥斯曼帝国下属的省，而省首府是当时繁荣的贸易中心——萨拉热窝。在皇帝（苏丹）兼任哈里发（伊斯兰世界最高领袖）的奥斯曼帝国统治下，波黑地区也逐渐伊斯兰化。斯拉夫系居民，特别是其中被基督教视为异端的波格米勒派信徒中，很多人改宗伊斯兰教。居住在城市中的商人和手工业者，改信伊斯兰教的人也相对较多。

现在的萨拉热窝老城区，仍然能看到很多红瓦白墙、使用木制梁柱的低层民居，从这些民居中仍然能看出当时的工商业者留下的痕迹。

而现在的文化习俗中，也能感受到土耳其人统治留下的浓厚色彩。

比如说当地有一种咖啡人称“土耳其咖啡”，即将咖啡豆磨成很细的粉末，再用水煮后饮用，虽然在城市中的咖啡馆一般见不到，但是如果走到乡间的普通人家看一看，就会发现这种做法仍然十分常见。而将羊肉剁碎后烤制而成的萨拉热窝著名特色菜“ćevapčići”，在前南诸国仍然十分常见。之所以一般原料使用羊肉，正是因为受到伊斯兰教视食用猪肉为禁忌这一点的影响。

在波黑地区，现如今人口最多的民族是占人口四成多的“波什尼亚克人”。内战期间，包括《朝日新闻》在内的众多媒体多称之为“穆斯林族”。他们是奥斯曼土耳其统治时期，改宗伊斯兰教的斯拉夫人的子孙后代。

就这样，宗教差异确立了该地区的民族认同。而奥斯曼土耳其的统治模式在一定程度上允许信仰自由，因此三个民族也能够长期共存。

在这一时期确定下来的民族，直到现代都几乎没有发生改变。

波什尼亚克人、塞尔维亚人还有克罗地亚人的语言几乎完全相同，只存在方言程度的区别。差异在于属于东正教文化圈的塞尔维亚人在正式的文书中主要使用西里尔字母，而波什尼亚克人和克罗地亚人则只使用拉丁字母。不过在日常生活中，比如媒体、广告等场合，塞尔维亚人也常使用拉丁字母，学校也会教授两种字母的读写。

波什尼亚克族、塞尔维亚族和克罗地亚族三个民族之间，在生物学意义上完全不存在民族的差异。换句话说就是无法凭借长相、外貌进行区分。语言方面，虽在词尾的地方有一些差异，但仅仅是方言级别的，完全没有大到影响交流的程度。

宗教信仰方面，基本上是三个民族信仰各自的宗教。但是实际具体到个人的宗教信仰，包括无神论者，并不一定与民族的特点完全对应。

并入哈布斯堡帝国的版图

奥斯曼土耳其对波黑的统治，到近代为止延续了 400 年以上。进入 19 世纪下半叶之后，这一统治开始动摇。以塞尔维亚人和克罗地亚人等基督徒为主的农民，对以穆斯林为主的地主阶级收取过高地租等一系列不公正行为产生不满而爆发冲突，并在 1875 年发展为大规模的农民叛乱。

两年后的 1877 年，自视为斯拉夫民族保护者的俄国以波黑地区的叛乱为借口进行干涉，对奥斯曼土耳其宣战。这成为又一次俄土战争的开始。

战争以俄国的胜利而告终。

然而在决定战后处置的外交交涉中，并不是冲突当事者的奥匈帝国坐收了渔翁之利。

奥匈帝国在俄土战争高潮时，同俄国签订密约。在俄土战争中，奥匈帝国表面上不偏向任何一方保持中立，而实际上则努力让战争的天平向俄国倾斜。

作为交换条件，则要将波黑地区交给奥地利。在战后交涉的外交场所——柏林会议中，奥地利也得到了对俄国南进保持警惕的英国等国的支持，成功地取得了波黑地区的治权。

当时的奥匈帝国，处在因皇后伊丽莎白（茜茜公主）等人的宫廷历史而广为人知的哈布斯堡家族的统治下。1878 年波黑并入奥匈帝国统治时，正处在弗朗茨·约瑟夫一世执政的帝国末期。

哈布斯堡家族统治的时代，波黑一定程度的近代化也开始了。

比如说在此时期，新建了连接帝都维也纳和波黑各地的铁路。1885 年萨拉热窝开始运营有轨电车，这甚至比维也纳还要早。这也是因为奥匈帝国想将殖民地作为近代化的样板来运营。

现在的萨拉热窝街头也行驶着新旧各式各样的有轨电车，是市民们常用的代步工具。而它的起点是奥匈帝国时代。

然而哈布斯堡家族统治波黑地区的时代，也正值欧洲各地民族意识、民族主义高涨的时代。巴尔干半岛的波黑诸邻国也不例外，夹在其中的波黑地区的政局难以稳定。东部邻国塞尔维亚王国奉行强硬的扩张政策，奥匈帝国对塞尔维亚的后盾——俄国抱有的戒备心也日益高涨。

进入 20 世纪后，奥斯曼土耳其帝国国内更加风雨飘摇，巴尔干半岛的形势进一步恶化。波黑地区也不例外。

夺得新领土的塞尔维亚

1908 年，奥斯曼土耳其国内的青年军官发动了一场反对苏丹专制统治、要求实施宪政的不流血革命并取得成功。帝国本身延续了下来，但是政治却陷入了混乱。趁着这次混乱，奥匈帝国在同俄国进行秘密交涉后，将之前名义上主权仍然属于奥斯曼土耳其、奥匈仅拥有治权的波黑正式并入奥匈帝国的版图。

而塞尔维亚却成为奥匈帝国在巴尔干半岛上实施扩张政策的阻碍。塞尔维亚在1912—1913年间发生的第一次、第二次巴尔干战争中都是获胜的一方。

第一次巴尔干战争中，塞尔维亚和同属东正教的独立国家希腊、保加利亚、黑山组成“巴尔干同盟”，挑战奥斯曼土耳其的统治，并获得了胜利。而在战后，围绕领土划分问题，保加利亚同其他诸国对立，这一内部争端发展成了第二次巴尔干战争。塞尔维亚在这一次战争中也同样取得了胜利。

在两次巴尔干战争中连续胜利后，塞尔维亚大幅扩张了自己的领土。

在两次巴尔干战争中，因为宗主国奥匈帝国并不是参战国，所以波黑的国土没有沦为战场。但是奥匈帝国同塞尔维亚以及其背后的俄国之间的紧张气氛日甚一日。萨拉热窝事件就发生在这样的背景下。

始于萨拉热窝事件的第一次世界大战

1914年6月的最后一周，为了视察军事演习，哈布斯堡家族的皇位继承人斐迪南大公（尚未正式授予皇太子的称号）在妻子索菲亚的陪同下，首先到访了萨拉热窝。

萨拉热窝方面在当地政府的带领下，准备了大规模的欢迎活动。但是参加的市民却并非自愿。

这是受周边国家的民族主义情绪高涨的影响。

当地人形成了这样一种共识：憎恶奥匈帝国的统治，将生活在该区域的斯拉夫诸民族视为“南斯拉夫人”这样一个整体，团结一致武力斗争，以争取从奥匈帝国的残暴统治中解放出来。

这种“南斯拉夫民族主义”思潮，对波黑的东部邻国塞尔维亚和西北邻国克罗地亚双方来说，都给予了他们扩大自身影响力的口实。因此塞尔维亚、克罗地亚国内各自都有支持“南斯拉夫民族主义”的势力存在。

不过塞尔维亚和克罗地亚两国都希望由自己掌握主导权，可谓吴越同舟。夹在两者中间的波黑同时受到塞尔维亚和克罗地亚的民族主义者的煽动，沦为两者争夺影响力的场所。

在这样的背景下，追求“南斯拉夫人民族自决”的波黑青年们创建了“青年波斯尼亚”组织，该组织成员在得知了斐迪南大公访问萨拉热窝的计划后，秘密策划，决定在当天进行埋伏刺杀，以此作为武力反抗奥匈帝国统治的手段。

“青年波斯尼亚”组织的成员不只有塞尔维亚人，但是站在这个组织幕后的是塞尔维亚。普遍认为塞尔维亚情报组织军官组成的以“不统一毋宁死”为口号的民族主义秘密组织“黑手社”，为“青年波斯尼亚”组织的成员提供了武器，并煽动他们刺杀斐迪南大公。

用两种文字刻写着萨拉热窝事件的碑文

在访问波黑行程中的最后一天，斐迪南大公准备前往市政厅进行演讲。在大公前往市政厅的过程中，埋伏在路边的一名“青年波斯尼亚”组织的成员向大公的专车投掷炸弹，但刺杀没有成功。而在斐迪南大公完成演讲返程的路上，另一名组织成员——塞尔维亚青年加费格里·普林西波使用手枪射杀了斐迪南大公夫妇。

皇位继承人被暗杀的消息，迅速传到了帝国首都维也纳。

奥匈政府认为暗杀事件的背后有波黑的邻国塞尔维亚和“斯拉夫民族的保护者”俄国的影子，并对塞尔维亚下达了最后通牒。奥匈方面认为塞尔维亚对相关人员的惩处太过宽大，最终在一个月后，对塞尔维亚宣战。这就是第一次世界大战的起点。

四年间1000万人死亡

奥匈帝国一方，同属日耳曼民族、公开标榜帝国主义的专制君主凯撒·威廉二世统治下的德国是其同盟国。奥斯曼土耳其帝国出于对俄国和塞尔维亚的敌对态度，也加入了德奥同盟。

而塞尔维亚和俄国一方，因为俄国同英、法两国有三国协约，因此两国也相继加入了战争。日本也加入了协约国一方阵营，对同盟国方的德国在中国租借的青岛发动了进攻，因此这场战争的战线超越了欧洲范围，称为第一次世界大战。

开战后不久，欧洲战场特别是西线战场，便陷入了堑壕战的泥潭。

战争刚开始时，双方都认为战争很快就会结束，甚至有很多乐观言论认为战争会在1914年内结束。然而与预想不同，战争陷入了胶着，战况僵持。

一战最终持续了4年，死亡人数达到了1000万。

战争的导火索波黑不过是奥匈帝国的一个角落，围绕其发生的列强之间的利益对立、冲突，可以说发展到后期已经同波黑当地无关了。

在战争中，波黑当地也沦为战场，奥匈帝国军队同塞尔维亚军队在此发生了激烈战斗。有时甚至会有同一家人分别被奥匈帝国和塞尔维亚征兵，父子、兄弟不得不在战场相见的悲剧。

埋下祸根的战后处理

1918 年第一次世界大战结束，曾经统治波黑的奥匈帝国战败，哈布斯堡家族的帝国解体。

因萨拉热窝事件而走上战场的各国分出了胜负。在幕后操纵了刺杀事件的塞尔维亚成为战胜国。而失去了皇位继承人的奥匈帝国四分五裂，离开了曾经统治的波黑。

从更宏观的视角来看，第一次世界大战也带来了新的国际秩序。以奥匈帝国为首的战前四大帝国相继崩溃，从地图上消失。

与奥匈同属战败国的德国，结束了帝制，诞生了魏玛共和国。奥斯曼土耳其帝国也因一战战败而走向崩溃，不久后转变为土耳其共和国。

协约国一方，在战争正酣时，沙俄因革命而垮台，诞生了苏维埃联盟。

在协商第一次世界大战战后处理的凡尔赛会议上，以美国的威尔逊总统为首，提倡在重新划分国界线时以“民族自决”为原则，在这一原则下，众多曾经被帝国主义统治的国家获得了独立。

然而从具体的情况来看，可以说一战战后的处理为之后埋下了众多祸根。比如，有的国家实施了民族自决，而有的国家却没有；有些国家的国界线被列强依据自身利益肆意划分，这些国家之后也发生了很多问题。

比如说乌克兰。2014 年克里米亚加入俄罗斯联邦，而在乌克兰的东部与俄罗斯相邻处，亲俄派武装分子与政府军发生冲突，直到 2015 年冲突仍在持续。

南斯拉夫王国的诞生

让我们将目光转向战前处于奥斯曼土耳其版图内的地区，中东众多原奥斯曼帝国统治地区，其国家的国界线划分并不一定符合当地的实际情况，而是按照列强的利益，在地图上随意地画出一条条直线，比如伊拉克和叙利亚就是如此。而这也为民族问题埋下了祸根。

关于中东地区的民族自决问题，列强只许诺了一个模糊的“阿拉伯民族自决”。而其中的英国，一方面对阿拉伯人承诺帮助他们建立自己的国家，另一方面又对在欧洲受到歧视、迫害的犹太人承诺帮助他们在巴勒斯坦地区建立犹太人国家，即做出了前后矛盾的外交承诺。这也为延续至今的巴以纷争埋下了种子。

就这样，虽然挂着“民族自决”的大义，但是若不能切合当地复杂的民族身份认同，很多情况下只会招致混乱。

在波黑和塞尔维亚等地区，“民族自决”原则以符合萨拉热窝事件中的暗杀者——塞尔维亚族青年加费格里·普林西波的理想形式，以“南斯拉夫人”的自决权的形式行使，以比塞尔维亚人、克罗地亚人这样的分类更大的集合，将他们全部包括在内的“南斯拉夫人”这样一个概念存在。

正是基于此种身份认同，组成了“南斯拉夫人”的国家。然而实际上这个国家的体制却是由一战战胜国塞尔维亚王国所主导的。

波黑挣脱了奥匈帝国的统治，与曾经同属奥匈帝国的克罗地亚和斯洛文尼亚一同加入了这个新的王国。

新国家的正式名称是“塞尔维亚－克罗地亚－斯洛文尼亚王国”。从这个稍显冗长的国名中，就能看出这个国家的性质是由不同势力组合而成。

因此当时这个国家一般也叫作“Yugoslavia”，在当地的语言中是“南斯拉夫人的土地”之意。之后的 1929 年，当时的国王废除宪法、确立独裁统治时，也一并将国名更改为“南斯拉夫王国”。

然而南斯拉夫王国的统治从一开始就不稳定。虽说是以“南斯拉夫人的团结”为名义建立的国家，但仅仅是名义而已，国王是塞尔维亚人，首都也在塞尔维亚的贝尔格莱德。由此可见这实际上是一个由塞尔维亚人掌控的国家。

其他民族，包括克罗地亚人在内对此抱有强烈不满。如前文所提，克罗地亚人虽然同属斯拉夫人，宗教信仰整体来说虽然同属基督教体系，但是他们信奉的是罗马天主教，并且自命为南斯拉夫地区斯拉夫人的盟主。因此对于克罗地亚人来说，国内这种塞尔维亚人全方位占据优势的情况是不能容忍的。

因此南斯拉夫王国内的克罗地亚人政党常年追求联邦制和分权。在贝尔格莱德的议会里，甚至还发生过克罗地亚人的政党领袖被塞尔维亚议员枪杀等恐怖活动，双方根深蒂固的对立动摇着南斯拉夫的政局。

纳粹傀儡国的统治

第二次世界大战前夕，1939 年 8 月，为了缓和克罗地亚人的不满，南斯拉夫王国采取妥协措施，在克罗地亚地区设置了拥有高度自治权的"克罗地亚自治省"。而波黑地区靠近现代克罗地亚边境的相当一部分区域也被划入了这一自治省。

在欧洲战争开始后，南斯拉夫王国最初宣布中立，然而到 1941 年 3 月，屈服于初期连战连胜的纳粹德国的压力，南斯拉夫王国加入了德意日三国轴心国阵营。然而南斯拉夫王国国内的亲西欧派立刻发动政变夺取了政权，并准备脱离轴心国阵营。

纳粹德国的希特勒不能容忍这种加入己方阵营后又叛变的行为，1941 年 4 月，纳粹德国对南斯拉夫发动了进攻。同属轴心国阵营的意大利和匈牙利也响应希特勒，从各个方向对南斯拉夫发起了进攻。南斯拉夫王国的国王和政府机关逃往国外，南斯拉夫王国成了一个有名无实的存在。

在稍早一些的年代，谋求使克罗地亚从南斯拉夫王国独立的克罗地亚民族主义者安特 · 帕韦利奇在 20 世纪 20 年代末逃往国外，建立了极右民族主义组织"乌斯塔沙"，并接受意大利墨索里尼等法西斯分子的援助，实施了包括针对南斯拉夫国王的暗杀在内的一系列恐怖活动。

在纳粹开始进攻南斯拉夫之后，同样带有法西斯主义色彩的乌斯塔沙组织在克罗地亚自治省建立了“克罗地亚独立国”。安特·帕韦利奇登上了“国家元首”的宝座。这个所谓的“克罗地亚独立国”实际上只是纳粹的傀儡国，除轴心国阵营外，几乎没有国家承认其主权。波黑地区也因为是安特·帕韦利奇的老家，几乎完全被并入了克罗地亚。

安特·帕韦利奇领导下的乌斯塔沙不仅学习纳粹的反犹主义，而且对于阻碍克罗地亚民族主义的塞尔维亚人同样实施了残酷迫害。他们修建了集中营，将塞尔维亚人和犹太人关进去，并且多次实施屠杀等不人道行为。

而拥护南斯拉夫国王的塞尔维亚民族主义武装组织“切特尼克”也采取了报复行为，屠杀了众多克罗地亚人。

这种以牙还牙、以暴制暴的行为给双方留下了长远的影响。

“乌斯塔沙”“切特尼克”这两个名字，在我去前南诸国采访时也经常听人们提及。当时在塞尔维亚人和克罗地亚人之中，提及对方民族集团所实施的残忍的非人道行为时，分别会用“他们是一群乌斯塔沙”“他们是一群切特尼克”这样的形式，描述对方的恐怖和对对方的憎恶。

第二次世界大战中，活跃在南斯拉夫王国内的当地武装组织不仅仅有乌斯塔沙和切特尼克。

共产主义者建立的游击队，也发动了反纳粹、反法西斯的武装斗争。他们的领袖是约瑟普·布罗兹·铁托，即之后的南斯拉夫总统。与乌斯塔沙和切特尼克不同，信仰共产主义的游击队超越了民族主义的界限，拥有来自各个民族的参加者。

二战期间，波黑夹在克罗地亚和塞尔维亚之间，这一地缘成为苦难的根源，战火覆盖了国土的全境。将波黑地区收入“克罗地亚独立国”的乌斯塔沙同时与标榜大塞尔维亚主义的切特尼克和共产主义游击队交战。而后两者并没有形成同盟，甚至也互相敌视、交火。因此波黑沦为三方势力斗争的舞台。

在三方势力中笑到最后的是铁托所率领的共产主义游击队。铁托的游击队非常擅长游击作战。他们不仅得到了同属社会主义阵营的苏联的承认，美英等同盟国势力也承认他们是原南斯拉夫王国地区合法的反法西斯抵抗组织。

一方面也有同盟国援助的原因在内，二战末期，游击队在南斯拉夫各个地区都占据了优势地位。游击队于 1944 年 10 月解放了贝尔格莱德。1945 年 4 月解放了波黑的萨拉热窝，5 月解放了克罗地亚的萨格勒布、斯洛文尼亚的卢布尔雅那等后来相继成为各国首都的主要城市。

铁托的游击队也同流亡伦敦的南斯拉夫保王派进行了交涉，并一度达成了战后由游击队和保王派共建联合政权的协议。然而对于游击队来说，这一协议只是为了获取英美支援的权宜之策。之后随着战争形势的推进，游击队已经能够凭借自身的力量解放全国，夺取政权，因此在游击队对战后的构想中，也就没有了失去价值的保王派的位置了。

最终，领导游击队进行抵抗斗争的南斯拉夫共产党于 1945 年建立了共产党领导的社会主义联邦国家。

铁托的独立自主的社会主义路线

建国后不久的 1948 年，南斯拉夫便被卷入了当时复杂多变的国际形势中。

当时苏联共产党的领导者斯大林，在刚开始不久的冷战背景下，以压倒性实力为后盾，标榜自身为东方社会主义阵营的盟主。而斯大林和铁托之间的路线对立也越来越明显。

铁托

这一对立的背景原因在于，在原南斯拉夫王国地区的反纳粹、反轴心国的武装抵抗运动中，铁托领导的游击队是凭借自身力量取得的胜利。因此铁托认为自己不必事事遵从斯大林的指示，而这一态度使斯大林颇为不满。

于是，就在 1948 年，南斯拉夫共产党被开除出社会主义阵营的集体组织共产党和工人党情报局。

因此，虽然是一个社会主义国家，但是南斯拉夫是一个在安全保障方面不从属于东西任何一方阵营的“不结盟”国家，不久后的 20 世纪 60 年代，更推动建立了囊括亚非众多新独立国家的"不结盟运动"组织，并成为该组织的主要领导成员。

南斯拉夫也没有参加当时东方阵营的军事同盟——华沙条约组织，在军事上采取自主防卫路线，并且甚至将苏联视为假想敌。

同时，南斯拉夫虽然是一个社会主义国家，却也得到了当时美国对西方阵营中被战争摧残的欧洲各国的财政援助计划——马歇尔计划的援助。二战后的南斯拉夫试图直接在战后的混乱中推进社会主义，因此经济方面一度面临困难，而在得到了马歇尔计划的援助后，终于克服了经济上的困难。不从属于东西任何一方阵营，说难听一点仿佛是伊索寓言中的蝙蝠，而南斯拉夫却有效地利用了这一点为自身谋求有利条件。

在经济方面，南斯拉夫也走独立自主的路线。一定程度上也是为了标榜与斯大林领导下的苏共的社会路线的差异，铁托在一定范围内引入了市场经济，提出了由工人进行"自主管理"的社会主义，是带有一定自由主义色彩的政治体制。

在南斯拉夫国内，禁止任何反对共产党、反对铁托领导的言论。20 世纪前半叶曾极大地影响了该地区的民族主义更是被视为危险思想。"'社会主义理想'是最优先的目标，各个民族应当以此为目标团结一致，共同支撑联邦国家"，这是占据主导地位的官方意识形态。

"一国之内"

在谈及南斯拉夫社会主义联邦时，人们常常提起一组像是倒计时一般的数字“七、六、五、四、三、二、一”。现在在前南地区同中年以上年龄层的人们交谈时，仍然能听到人们提及这组数字。

将现实中复杂的国家形象嵌进这样一组数字中去，一方面显得有些过于简单化，甚至包含一些自相矛盾的内容，但是却也是一个能够帮助我们理解南斯拉夫是怎样一个国家的“入口”——一个容易接近的入口。接下来我们了解一下这些数字的含义。

“七”指七个邻国。南斯拉夫的邻国从西北方向顺时针算起，分别有意大利、奥地利、匈牙利、罗马尼亚、保加利亚、希腊和阿尔巴尼亚七个国家。

“六”指六个共和国。构成联邦的六个共和国从北到南依次为斯洛文尼亚、克罗地亚、波黑、塞尔维亚、黑山、马其顿。

在这六个共和国当中，除了波黑以外，其他国家都是与国名同名的民族占据了国内人口的大多数。

而在波黑，“波什尼亚克人”(当时主流称呼是穆斯林人)，即奥斯曼土耳其统治时期改宗伊斯兰教的斯拉夫人的后裔，占据总人口的40%，是国内最大的民族，但也没有占据绝对多数的地位。国内也生活着相当数量的塞尔维亚人和克罗地亚人。因此波黑共和国可以说是南斯拉夫联邦国内民族最为多元化的一个自治共和国了。民族构成的复杂性在20世纪90年代的内战时期引发了很多矛盾。

在塞尔维亚共和国之内，还在西南方的科索沃地区和北方与匈牙利相邻的伏伊伏丁那地区分别设有科索沃自治省和伏伊伏丁那自治省。塞尔维亚共和国同两个自治省之间，也因为中央集权同地方分权的斗争，经常关系紧张。特别是在科索沃自治省，仅从省内来看，民族构成上以与南方邻国阿尔巴尼亚相同的阿尔巴尼亚人占据多数。然而科索沃自治省的主导权却掌握在全国范围内的多数派、科索沃的少数派——塞尔维亚人手中。这一矛盾也成为冷战后南斯拉夫联邦崩溃过程中，以科索沃为舞台的一系列武装冲突产生的原因。

反映国家的真实形象

回到倒计时的话题。

接下来是“五”，这指的是五个民族。然而这是一个比较缺乏根据的数字。因为这个“五”指的是在斯洛文尼亚、克罗地亚、塞尔维亚、黑山、马其顿的五个主体民族，然而却没有包含上文中提到过的波黑地区人口最多的波什尼亚克族和科索沃地区的多数派阿尔巴尼亚族。

而且在这五个民族当中，塞尔维亚族和黑山族虽然被视作不同民族，但是无论是文化还是社会方面都是极其相似的。比如20世纪90年代在塞尔维亚实施专制统治的前塞尔维亚总统斯洛博丹·米洛舍维奇就是黑山出生的，而他的哥哥，前驻俄大使鲍利斯拉夫·米洛舍维奇的身份登记中写的便是“黑山人”。

因此在现实生活中，很多时候民族区分并不是那么的明了。除了目前提到过的多数和少数民族外，还有伏伊伏丁那自治省占人口不到两成的匈牙利人和在前南诸国各地都有一定数量的罗姆人（过去被歧视性地称为吉普卜人的民族）等保持着自身独特文化习俗的少数民族存在。

继续倒数下去，接下来的“四”指的是四种语言。这也是一个可能不太准确的表达。在斯洛文尼亚语、克罗地亚语、塞尔维亚语、马其顿语这四种语言中，如前文所述，克罗地亚语同塞尔维亚语之间，除了在拼写时前者使用拉丁字母，后者与俄语相同使用西里尔字母外，口语上只存在方言程度的差别。因此也常常一起被人们称为“塞克语”。

“三”是指宗教信仰方面。将传统信仰同民族结合起来看的话，斯洛文尼亚人和克罗地亚人主要信仰基督教体系下的罗马公教。而塞尔维亚人、黑山人、马其顿人虽然同属基督教信仰体系，但却信奉的是起源于拜占庭帝国的东正教，与俄罗斯、希腊教义基本相同。波什尼亚克人、科索沃的阿尔巴尼亚人信仰的则是曾经统治该地区的奥斯曼帝国的国教——伊斯兰教。上述三者的信徒占据了人口的绝大多数，当然除此之外也不能忽视信仰犹太教的犹太人等少数派。

“二”指两种文字。塞尔维亚语和马其顿语使用起源于东正教会的西里尔字母（与俄语字母几乎相同）进行正式文书的书写，而此外的诸语言则只使用拉丁字母进行标记。这一点几乎是准确无误的。

最后一个“一”则指的是一个国家。现实中这“一个国家”的形象也包括铁托领导下的“一个政党、一个领袖”等没有挑明的意思。

在从“七”到“一”数过来之后，虽然有些数字的划分有强行拼凑的嫌疑，但是就像这个国家一样，本就是将很多复杂的元素整合在了一起。因此，可以说这组数字真实反映了这个国家的形象。

而对维持这个国家的统一发挥最大作用的，就是建国之父——铁托的个人能力。

萨拉热窝冬奥会，八年后的战火

铁托为了宣传南斯拉夫联邦的多民族和谐共存，在选择冬奥会举办地时，从前文提到的六个共和国中，特意选择了波黑这一不是以单一主体民族构成的多民族加盟共和国。

这一点可以从铁托晚年南斯拉夫决定申奥时，对国内申奥城市的选择上看出来。

南斯拉夫联邦中，冬季运动最兴盛的无疑是位于阿尔卑斯山脉东部的斯洛文尼亚，然而最终国内的申奥城市被指定为象征了多民族融合的波黑共和国首都萨拉热窝。而做出这一决定的，就是铁托本人。

萨拉热窝在申奥竞争中取得了胜利，在 1978 年的国际奥林匹克委员会大会上，击败了在 1972 年举办奥运会之后尝试再次

1984年萨拉热窝科埃沃体育场冬奥会开幕式

申奥的日本札幌，被正式选为1984年冬奥会的举办地。

铁托本人未能亲眼见证此次奥运会的举办，他在1980年去世，享年87岁。即便如此，1984年的萨拉热窝冬奥会仍然依照铁托的遗愿，成为一场象征南斯拉夫人民团结一致的大会。

现在，许多记得当时盛况的那一辈萨拉热窝人还会回忆道："当时完全没有在意过民族差别"，"市民团结一致，在奥运期间尽东道主之谊，并且也受到了全世界的关注"。市民们异口同声追溯着当时的美好。

然而仅仅在8年后，萨拉热窝便沦为战场。

在已经经历了两次世界大战后，波黑不得不经历20世纪的第三次战争。

从下一章开始，笔者将沿着多位当事人的人生轨迹，追溯这百年来的历史。

第二章
从第一次世界大战到南斯拉夫王国时代

20 世纪的起点

在谈起萨拉热窝的历史，特别是其在 20 世纪内三次被战火侵袭的现代史时，“萨拉热窝事件”可以说是其现代史的起点。相信很多人都曾经在历史课上听到过这个事件，就是那个奥匈帝国的皇储斐迪南大公夫妇遭到暗杀，进而引发第一次世界大战的事件。

那么围绕着这一事件，具体都发生了哪些事，当地人又是怎么看待这一事件的呢？

奥匈帝国于 19 世纪后半期从奥斯曼帝国手中取得了波黑的

治权，并且在1908年正式将波黑吞并。

奥匈帝国皇帝弗朗茨·约瑟夫一世没有嫡子，因此他的侄子弗朗茨·斐迪南大公拥有第一顺位继承权，并被定为哈布斯堡皇室的皇位继承人。不过严格来说，当时他还没有正式被封为皇太子。

1914年6月的最后一周，斐迪南大公偕夫人索菲亚，首次到访了位于帝国版图一角的波黑。

大公的主要目的是视察军事演习，他搭乘奥匈帝国为波黑带来的近代化的象征——火车，首先来到了位于萨拉热窝西郊当时还是一座温泉疗养城市的伊利扎。

在行程的最后一天，6月28日，斐迪南大公结束了在萨拉热窝市政厅的演讲后，本该踏上归途。然而当时一些波黑青年在周边国家民族主义的影响下，信奉“南斯拉夫人的民族自决”并组成了“青年波斯尼亚”组织，斐迪南大公倒在了这个组织的子弹下。在事件的背后，一个由塞尔维亚军人组成的秘密组织为“青年波斯尼亚”提供了武器并进行了煽动。

暗杀事件发生后，奥匈帝国判断此次事件是由塞尔维亚和其背后同属斯拉夫人的沙皇俄国所策划的阴谋，并对塞尔维亚宣战。接下来欧洲列强各自站队，战争发展成了世界大战。

埋伏在车队的必经之路上

1914年6月28日早上，大公夫妇从住处出发，乘敞篷车前往预定的演讲地点市政厅。而想取大公性命的“青年波斯尼亚”组织的成员们，混在车队路线两旁的欢迎群众中，等待车队的经过。

沿着东西横穿市区的米里雅茨河北岸的沿河公路向东行进，到达老城区的尽头附近就是市政厅了。今天，这条河沿岸的景象同当时相比也没有太大的改变。在保留着奥斯曼统治时期的风味、布满略显中东风格民居的老城区的西侧，是有着乳白色墙壁的、维也纳风情的混凝土建筑。

在斐迪南大公前往市政厅的过程中，一名“青年波斯尼亚”组织的成员朝大公的敞篷车投掷了炸弹。司机踩下油门加速行驶，而看到有不明物体飞过来时，斐迪南大公为了保护自己的妻子，用手将其打飞。因此，炸弹落在车的后面爆炸了。

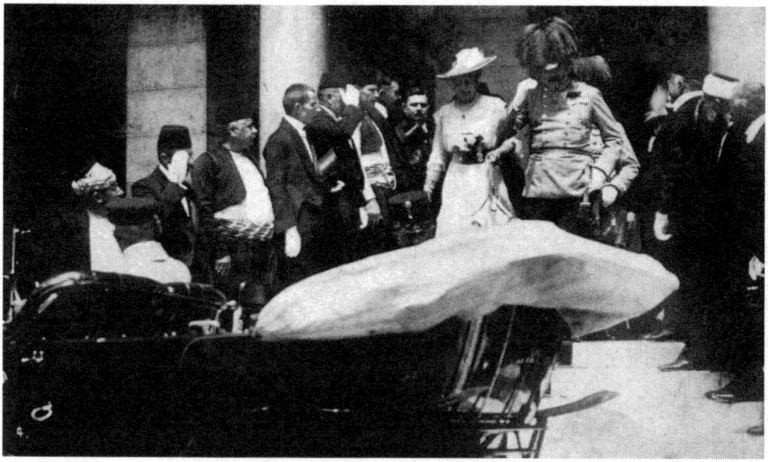

暗杀前几分钟，斐迪南大公和他的妻子在萨拉热窝市政厅门前登上自己的车子时的照片

周围的群众和乘坐后方车辆的军人受了伤，但是大公夫妇平安无事。

虽然发生了刺杀未遂事件，但是大公仍然按预定计划前往市政厅。虽然在重视“反恐”的现代人看来有些难以置信，但是当时斐迪南大公为了保持自己作为帝国皇位继承人的尊严，决定不能因为这点小事就更改预定计划。

抵达市政厅后，大公对因为恐怖袭击未遂事件而诚惶诚恐地前来迎接的市长，带着怒气露骨地讽刺道：“用炸弹来‘接待’，真不像话！”但是仍然按照预定计划完成了自己的演说。

演说结束后，返程的路线几乎没有做出太大改变，仅仅是增加了在途中前往医院慰问爆炸造成的伤者的行程。

米里雅茨河北岸的沿河路，现在是一条向东的单行道，但当时仍然是双行道。大公的车队沿着来时的道路朝着相反的方

拉丁桥：拉丁桥以前叫普林西波桥，发生在这里的萨拉热窝事件是第一次世界大战的导火索

向向拉丁桥驶去。按照新的行程安排，车队应当直走驶向医院看望伤者，但是因为司机的失误，仍然在这里按照最初的路线右转。意识到错误的司机匆忙停下来并试图倒车。而此时，“青年波斯尼亚”组织的成员——塞尔维亚青年加费格里·普林西波就埋伏在旁边的人群中。

加费格里·普林西波在非常近的距离朝大公夫妇乘坐的车辆开了两枪。

这两发子弹改变了世界。

大公夫妇都受了致命伤，并在不久之后相继离开了人世。

大公的妻子索菲亚为了保护大公，用身体挡在了大公的身前，几乎当场毙命。而斐迪南大公流着血，奄奄一息地对妻子不断恳求道：“哪怕为了孩子们你也不能死啊。”这是大公最后的遗言。

巧合的是，这一天正好是两人的结婚纪念日。大公的妻子是女官出身，来自奥匈帝国统治下的波希米亚(现在的捷克)，因为不是王族出身所以招致皇帝弗朗茨·约瑟夫一世的强烈不满，因此索菲亚备受歧视，在帝都维也纳，夫妻两人甚至不能一同乘车出现在公众面前。这次正好碰上了结婚纪念日，并且夫妇两人一同来到了帝国中央鞭长莫及的波黑地区，所以两人欣喜地一同乘车，然而等待他们的却是一场劫难。

斐迪南大公夫妇有三个孩子，他们都留在了奥地利的住处，只有夫妇两人到访了波黑。当时索菲亚还怀着另一个孩子，也就是说刺客加费格里·普林西波也夺走了胎儿的性命。

是恐怖分子还是英雄？

在萨拉热窝采访的过程中，我深深感受到了百年前的历史仍然影响着今天，并且感受到：要了解波黑这个国家，要了解巴尔干半岛这个地区的现状，就必须先了解它的历史。

刺客加费格里·普林西波刺杀斐迪南大公夫妇的现场——拉丁桥桥头的街角，沿河路与桥梁在这里形成了一个丁字路口。那里有一座当时便存在的建筑，现在被设为萨拉热窝博物馆，通过展品向人们还原那次事件。

在纪念萨拉热窝事件100周年的2014年早春，这座建筑的外墙上挂着一块招牌，上面写着“20世纪开始的街角”。

在迎来萨拉热窝事件100周年之际的2014年6月28日，国内外游客、特地来参观的当地居民以及媒体纷纷来到此地。群众中有一些人仿佛是为了再现当时的暗杀场景，在媒体的镜头面前，拿着水枪不断朝转过这个街角的车辆“开枪”。

历史总是在重演，“第一次是悲剧，第二次是喜剧”。我不由得想起了马克思的这句话。

不，不能说是喜剧。波黑在20世纪的百年间，不但经历了两次世界大战，还在90年代中陷入了内战，造成了20万人的死亡。

波黑国内社会对于如何看待第一次世界大战的起点——萨拉热窝事件现在仍然存在分歧。

实施暗杀的加费格里・普林西波是“为祖国解放而奋斗的英雄”还是“手上沾满鲜血的恐怖分子”？之所以会出现分歧，原因在于加费格里・普林西波是一名塞尔维亚人。

加费格里・普林西波的同族塞尔维亚人多将其视为“拿起武器为祖国解放而行动的英雄”。而其余的波什尼亚克人和克罗地亚人，则多将其视为“为了达成目的而使用暗杀手段，甚至不惜将孕妇卷入其中的恐怖分子”。

20 世纪 90 年代的内战中敌对的各民族势力，在对于萨拉热窝事件和加费格里・普林西波的评价上也采取了截然相反的态度。

在迎来萨拉热窝事件 100 周年纪念日之际的波黑，可以清楚地感觉到这一社会的分裂。加费格里・普林西波是英雄还是恐怖分子这一历史观的对立，并不仅仅是对过去历史看法的不

矗立在塞尔维亚共和国的普林西波雕像

同。而一些政治家对该纪念活动的抵制，也说明了这一点。

抵制维也纳爱乐乐团的音乐会

在现在的波黑国内，仿佛是20世纪90年代内战敌对状态的一种延续，虽然同属一个国家，但是国内存在两个拥有准国家权限的政治实体，两个政治实体各占据了这个国家一半的国土。

具体来说，就是以塞尔维亚人为中心的“塞族共和国”和由其余两族为主体构成的“波黑联邦”。虽然同是“波斯尼亚和黑塞哥维那”的一员，但是除了中央政府外，塞族共和国和波黑联邦这两个政治实体各自都拥有政府和议会。

在迎来萨拉热窝事件100周年纪念之际的6月28日，处于这种社会分裂情况下的波黑政治领导人们自然也无法齐聚一堂。政治家们反而将这一纪念日当作是一个煽动民族主义对立的机会。

在这一天萨拉热窝举办了多种多样的纪念活动，包括从原奥匈帝国的首都维也纳邀请维也纳爱乐乐团前来举办音乐会等。然而波黑的两个政治实体的其中一方——塞族共和国包括总统在内的塞族政治领导人们联合抵制了萨拉热窝的纪念活动。

驱动这些塞尔维亚族政治家进行抵制活动的，无疑是民族主义。

事情是这样的。维也纳爱乐乐团举办音乐会的会场——

1914年时曾作为市政厅的这座建筑是导致这次抵制事件的原因。在市政厅迁往别处后，一直到20世纪90年代的内战为止，这一建筑都作为图书馆而被使用。然而在内战中，这座建筑因包围萨拉热窝的塞族武装势力的炮击而遭到破坏，藏书也有相当一部分被烧毁。内战结束后，修复后的建筑入口挂上了一块铭牌，上面写着“曾受到塞尔维亚人犯罪势力的攻击”。

塞族共和国认为这是一种反塞尔维亚的表达方式，因此拒绝出席在挂着这样一块铭牌的建筑中举办的活动，并且在塞族共和国领土内的另一座城市维舍格勒举办了纪念暗杀实施者加费格里·普林西波的纪念活动。

追溯百年家史

波黑社会甚至尚未就百年前的历史达成妥协，这种状态下更加难以就20世纪90年代的历史问题达成和解了。

确实，内战的伤痕需要时间才能治愈。我第一次去萨拉热窝采访是1997年的事情。当时距离发生在1992年至1995年的内战，刚过去不到两年，萨拉热窝的市中心仍然满目疮痍。

几乎没有人试图往来于塞族共和国和波黑联邦之间，实际上二者宛若两个国家。虽然没有边墙和检查站，但是对于前往内战时敌对方的地盘，人们内心仍然有很强的抵触。为了避免发生武装冲突，欧美派出了大量维和部队（PKF）驻扎在当地维持治安，而除了这些维和部队外几乎没有人会跨越塞族共和国和波黑联邦的边界，两者之间存在一道看不见的墙。

当时的车辆牌照上有特定的标识标明车辆的归属地，因此如果驱车从萨拉热窝前往塞族共和国，一眼就会被认出来是从“对面”开来的车辆，很有可能成为暴力活动的目标。因此若是要前往距离萨拉热窝仅有十余千米的塞族共和国的城市进行采访，虽然有道路连通，但是却找不到愿意陪同我们一起跨过这一小段距离前往“对面”的当地居民，因此只能绕道约 300 千米从邻国塞尔维亚的首都贝尔格莱德前往。

现在的萨拉热窝与当时相比变得和平了许多。虽然市内一些建筑的外墙上仍然残留着弹痕，但是大多数已经修复、填平。

塞族共和国和波黑联邦之间那道存在于人们心里的墙也变矮了一些。可能也有车辆牌照的设计经过调整不再显示登记地域的原因，人们开始恢复了来往。

值得庆幸的是，曾经交火的民族主义势力之间到目前为止都没有发生武装冲突。因此，旨在防止战火再燃的维和部队的数量也大幅度减少。

在局势暂且安定下来之后，波黑以一个纷争导火索的身份出现在国际新闻上的机会，与内战和内战刚结束后的动荡时期相比大幅减少。

然而也因为如此，在人们看来，波黑的历史已经成为“遥远的过去”。

确实波黑的历史轨迹十分复杂，又充满了很多十分陌生的民族名、地名、人名，因此经常被认为是“难以理解”进而敬而远之。

有没有什么方法能够简单易懂地将萨拉热窝的现状和过去的历史讲明白?

经过长久的思考后我想出来的办法是，在波什尼亚克族、塞尔维亚族、克罗地亚族这三个主要民族中，各自找出一些百年前就居住在萨拉热窝的家族，并沿着他们的家史进行追溯。

我认为与单纯的枯燥无味的民族史相比，这样的以具体的人物为背景的真实故事对于读者来说应该能引起更多的共鸣，对于读者理解这段历史会有更大的帮助。

包括我在内的《朝日新闻》在前南斯拉夫诸国采访的大多数记者，都得到过居住在塞尔维亚首都贝尔格莱德的记者阿图尔·德梅克(音译)的帮助，他担任我们的助手，采访方面的安排和翻译多仰仗于他。阿图尔·德梅克是一位从1999年的国际大新闻——北约对南斯拉夫的空袭开始，便一直同我们合作的老伙伴了。

阿图尔·德梅克本身从民族上来说并不是纯粹的塞尔维亚人，他的家族混有匈牙利人的血统，因此他也是一个不拘束于民族主义的人。从年龄上来看，阿图尔·德梅克也经历过内战前统一的南斯拉夫时期，虽然现在各国被国境线所隔开，但是阿图尔·德梅克在前南各国都保持着各种各样的人脉，在萨拉热窝也有很多过去结识的老熟人。

在听到我“想从三个主要民族中，各自找出一个从1914年萨拉热窝事件时起就始终居住在萨拉热窝的家族，听一听他们每一家人百年来的故事，从多个角度回顾那段历史”的点子后，德梅克支持我的想法，并且进行了安排。

三代历史世家，“祖父曾目击萨拉热窝事件”

我首先见到的是人口最多的波什尼亚克人中的一家。

尼哈德·克雷舍布里亚科维奇(音译)，萨拉热窝战争剧院的经理，也曾担任过电影导演。

尼哈德·克雷舍布里亚科维奇的祖父和父亲都是历史学者。他本人在大学时所学的专业也是历史。

萨拉热窝战争剧院，顾名思义，其上演的很多话剧都是以过去的战争为主题，此外，尼哈德·克雷舍布里亚科维奇本人也经常出席一些围绕历史问题的研讨会并发言，因此他自称为“三代传承的历史学家”。

从萨拉热窝的老城区出发往北，上坡的途中便会经过萨拉热窝战争剧院。这附近有很多相交的小巷子，看起来乱七八糟，不过附近也有萨拉热窝大学医学院的校区以及一些高中校园等，因此经常能看到年轻人的身影。

我在剧场内的咖啡馆同克雷舍布里亚科维奇碰面。

他穿着一件夹克便服再加一条围巾，蓄着看似缺乏打理的时尚胡须，一副文化人的装束。头发花白，但是明亮的大眼睛和配合眼神的动作以及说话时精力充沛的样子，都让他看起来显得很年轻。在不停地抽着香烟的同时，他用流畅的英语回答了采访。他是那种话匣子打开了就停不下来的人。

在交谈的过程中，有时克雷舍布里亚科维奇的思绪会跳得很远，要赶上他的话题并不是一件容易的事。然而根据我在这一地区多年来的采访经验，不要急于去打断，听对方说下去，最后能听到他们内心深处的想法。到最后，我对克雷舍布里亚科维奇进行了三次总计 10 小时以上的采访。

“祖父虽然在我出生前就去世了，但我认为他是我们家最重要的人。”尼哈德·克雷舍布里亚科维奇这样对我说道。

现在在萨拉热窝市中心，有一条以尼哈德·克雷舍布里亚科维奇的祖父哈姆迪（音译）的名字命名的马路。他是一位受人尊敬的学者。哈姆迪生于 1888 年的萨拉热窝。

在哈姆迪出生的十年前，奥斯曼土耳其结束了对波黑始于 15 世纪的统治，波黑实际上的行政管理权转移到了奥匈帝国手中。

包括克雷舍布里亚科维奇一家在内的过去常被称为“穆斯林族”的波什尼亚克人，就是奥斯曼统治时期改信伊斯兰教的斯拉夫人的后裔。不过在现在的波黑，有许多民族上属于波什尼亚克人的无神论者，此外也有一些不是波什尼亚克人的其他少数民族信仰伊斯兰教。

克雷舍布里亚科维奇指出，无论是在奥斯曼土耳其统治时期，还是在奥地利匈牙利二元帝国统治时期，波黑都保持了其多元性，特别是萨拉热窝城尤其如此。

为了向我展示这种多元性，克雷舍布里亚科维奇带我参观了市内的一处过去的犹太人墓地。与祖父相同，同是历史学者的父亲穆罕默德的研究方向就是墓志铭等中世纪遗物，而克雷舍布里亚科维奇本人对于这些向人们讲述过去的历史遗迹也抱有很大兴趣。

那个犹太人墓地位于流经市内的米里雅茨河南岸一个略显陡峭的山坡上。在长满杂草的斜坡上排列着一些灰色的墓碑，墓碑中有许多已经破败不堪，但是还能隐约看到上面好像是用希伯来文书写的碑文。

之所以萨拉热窝附近会有这样一个犹太人墓地，要结合古代欧洲和地中海的历史来看。

15 世纪末将伊斯兰教势力从伊比利亚半岛驱逐出去的西班牙人，对犹太人也采取了驱逐政策，而当时有众多犹太人为了寻求容身之地来到了萨拉热窝，并被当地接纳。当时波黑已经处于奥斯曼土耳其统治时期。萨拉热窝能够成为犹太人的安居之地，也反映了当时萨拉热窝各宗教共存，文化、民族宽容的氛围。

克雷舍布里亚科维奇的家位于犹太人墓地东侧，在从萨拉热窝老城区往南走的一个小丘的半山腰上。从祖父哈姆迪那一代起他们便生活在这里，其间家宅也多次改建，但是祖父哈姆迪的书房仍然保持着原来的模样。

从这个小丘放眼望去，能够将周围伊斯兰教的宣礼塔（尖塔）、东正教教堂的圆顶和天主教教堂的钟楼尽收眼底。

“我认为我们的这一多元性才是最美的。”克雷舍布里亚科维奇这样说。

追溯克雷舍布里亚科维奇一家的历史，可以发现他们家族原本是以商业和手工业为生。奥斯曼土耳其统治时期，在作为贸易中心而繁荣的萨拉热窝，这是非常典型的波什尼亚克人一家。

祖父哈姆迪出生时，也就是波黑刚被奥斯曼割让给奥匈帝国时，波什尼亚克人反奥匈情绪强烈，掀起叛乱，并且出现了大规模向奥斯曼移民的现象。然而因为奥匈帝国的近代化政策为当地带来的利益，等到 1908 年奥匈帝国正式吞并波黑时，当地的波什尼亚克人，特别是萨拉热窝的工商业者已经在一定程度上认同了奥匈帝国的统治。

萨拉热窝事件就发生在这样的背景下。

“当时，我的祖父就在暗杀现场对面的一个咖啡厅里，并且目击了暗杀事件。”

哈姆迪当时没有上大学，而是几乎以一种自学的方式学习历史并小有所成。同时他还擅长语言表达。在 20 多岁的时候，哈姆迪就已经作为一名历史教师走上了讲台。

对于萨拉热窝事件，哈姆迪并没有同家人谈太多自己的感受，但是却经常会议论事件翌日，萨拉热窝的波什尼亚克人对该事件的反应。

对于杀死大公夫妇的塞尔维亚青年加费格里·普林西波，多数波什尼亚克人感到十分愤怒，并且聚集起来展示他们的愤怒。萨拉热窝城内发生了骚乱，波什尼亚克人中的一些暴徒袭击了市内许多加费格里·普林西波的同族——塞尔维亚人经营的商店。

用暴力回应暴力，这一恶性循环夹杂着赤裸裸的民族主义情绪。

早在事件发生后的第二天，已经出现了要求塞尔维亚人为萨拉热窝事件承担责任的倾向。在暗杀事件的一个月后，奥匈帝国对其认为的幕后黑手塞尔维亚宣战，第一次世界大战拉开了帷幕。

反塞尔维亚人运动

虽然在萨拉热窝事件中最后开枪杀死斐迪南大公夫妇的是塞尔维亚人加费格里·普林西波，但是在密谋刺杀奥匈帝国皇位继承人的“青年波斯尼亚”组织中，实际上也有波什尼亚克人成员。在他们的想法里，这一刺杀行为是为了南斯拉夫人的民族自决而采取的行动。

然而，“暗杀事件是塞尔维亚人做的”这一看法迅速流传开来。这一方面是因为实际在背后提供武器、进行煽动的是塞尔维亚王国军人所组成的秘密组织“黑手社”，另一方面是因为在除塞尔维亚人以外的其他民族的主流观点中，“南斯拉夫民族主义”不过是“塞尔维亚民族主义换了个说法”。

萨拉热窝事件的余波是：在“暗杀的罪魁祸首是塞尔维亚人”这一主流观点的影响下，萨拉热窝城中反塞尔维亚人风潮不断扩大。

在探寻萨拉热窝居住百年以上家族的这一行动中，我的塞族采访对象的先祖就在萨拉热窝事件后的这一反塞尔维亚人风潮中沦为牺牲品。

同萨拉热窝大学原生物学教授柳博米尔·贝尔贝洛维奇(音译)会面的地点是在他的家里——市内的一处公寓。

萨拉热窝位于一块东西向的狭长盆地中。随着年代的推移城市不断地向西扩展。在城市东侧的老城区中，还留着很多带有奥斯曼土耳其时代特征的建筑。

大概可以以萨拉热窝事件的现场拉丁桥附近为界，其西侧主要是 19 世纪末到 20 世纪初奥匈帝国殖民时期修建起来的西式建筑。

而再往西，则是一些住宅小区般的高层公寓。贝尔贝洛维奇的公寓就位于其中一座的 16 层。

这些公寓群主要是二战后的社会主义时代所修筑的。在 20 世纪 90 年代的内战中，萨拉热窝被塞尔维亚人的军队所包围时，这里的公寓几乎全部遭受过枪击和炮击，受到严重损坏。

而其中的大部分在内战后也没有重建，只是将墙上的弹孔填平之后继续使用。居住在这些公寓中的主要是老年人。

贝尔贝洛维奇就是这些老年人中的一个典型。妻子离世后，他便一个人居住在这里。

教职被剥夺，遭受严酷拷问

贝尔贝洛维奇先生的腿脚不太方便，需要使用拐杖，虽然头发已经全白，但是目光依然锐利，语调也十分坚定。贝尔贝洛维奇先生不愧是大学的学者，在采访中很多时候，能使用英语回答我的问题。

在讲述自己一家的“百年史”时，贝尔贝洛维奇首先提及的便是萨拉热窝事件后他家因为反塞尔维亚人风潮而受到的牵连。

贝尔贝洛维奇的外祖父当时在位于萨拉热窝西郊的伊利扎的一所师范学校担任老师。

伊利扎就是访问波黑的斐迪南大公夫妇抵达波黑时最初投宿的温泉疗养所所在的小城。现在随着萨拉热窝市的向西扩张，小城已经成为萨拉热窝新城区的一部分，没有什么显眼的地方，不过在当时却是萨拉热窝附近的一个重要小城。

贝尔贝洛维奇的外祖父达尼洛·萨维奇于 1875 年生于波黑中部，从师范学校毕业后成为一名教师。经过在各地之间的调动后，最后在伊利扎安顿了下来。

达尼洛·萨维奇的同事中，有一人是暗杀活动的“青年波斯尼亚”组织的领导人物——塞尔维亚人达尼洛·伊里奇，案发后被判有罪并被处以死刑。

达尼洛·伊里奇在萨拉热窝事件时已经辞去了教职，并且在达尼洛·萨维奇看来，比他小 15 岁的达尼洛·伊里奇与其说是同事，更像是一名下属。两人之间除了曾在同一所学校工作、同是塞尔维亚人之外，再没有别的关系。

但是尽管如此，萨维奇仍受到牵连，最终丢掉了教师这份工作。也许他们的名字都叫达尼洛这一点也是原因之一。

“萨拉热窝事件后，警察在对外祖父的审问过程中进行了严刑拷打。即使是后来被释放后，行踪也一直受到监视。”贝尔贝洛维奇说道。

四年后的1918年第一次世界大战结束，波黑被统一进战胜国塞尔维亚主导的南斯拉夫王国之后，达尼洛·萨维奇才终于从这种嫌疑人待遇中解脱出来。

然而当初的拷打却给他的身体留下了长久的后遗症。1921年，年仅46岁的达尼洛·萨维奇离开了人世。

可以说，达尼洛·萨维奇沦为了萨拉热窝事件后爆发的“反塞尔维亚人”情绪的牺牲品。

“我是欧洲人”

在寻找克罗地亚人的采访对象时，与其他民族相比花的工夫比较多。

据帮助我的助手阿图尔·德梅克说，现在居住在萨拉热窝城中的克罗地亚人，追溯到百年前多是居住在城市外别的地区。

1878年奥匈帝国刚刚掌握波黑的治权时，居住在萨拉热窝的克罗地亚人还很少，现在的克罗地亚人多是后来迁入的为帝国的殖民政策服务的技术人员和公务员。

而在这一人群当中，我找到了愿意接受采访的对象。兹德拉夫科·拉塔尔，萨拉热窝当地的一家日报 *Oslobodjenje* 的原经济记者。他与贝尔贝洛维奇同样居住在新城区的高层公寓中。

兹德拉夫科·拉塔尔的一只手在幼年时因为事故而截肢，他留着一头剪得短短的白发，身材较瘦，在交谈中有时会露出不悦的表情。

首先从结论说起，虽然兹德拉夫科·拉塔尔被周围的人都当作克罗地亚人，但是实际上却拥有着复杂的血统。如果按拉塔尔本人的归属意识来看，他认为“我不是克罗地亚人”。然而在同他交谈后，我认为拉塔尔被周围的人当作克罗地亚人是很自然的。

拉塔尔的爷爷出身于同样处于奥匈帝国统治下的波希米亚，是一名铁路技师。

19 世纪 80 年代，奥匈帝国在殖民地波黑推动近代化的一大手段就是铁路的建设。兹德拉夫科·拉塔尔的祖父也随着铁路的延伸移居到了波黑，最后定居在了萨拉热窝。也就是说他的祖父是当时从事最尖端技术工作的精英。

虽然从民族上来说是捷克人，但因为和克罗地亚人同是天主教的信徒，因此融合起来也比较容易。

兹德拉夫科·拉塔尔的伯父，也就是祖父的长子在户口登记时将自己登记为了克罗地亚人。因此周围的人们也将他们一家都视为克罗地亚人。

然而兹德拉夫科·拉塔尔本人却拒绝接受这一标签。当被问到“你是哪族人”时，他是这样回答的：“我是欧洲人，不是别的什么人。我从来没有觉得自己是克罗地亚人。”

居住在萨拉热窝的人们的民族归属意识，确实很难简单地划分清楚。

之后，拉塔尔又同我说：“我有一个犹太人的表亲，你想见一见吗？”

虽然感到故事会很复杂，但我决定先见一面再说。

中世纪西班牙逃亡者的后裔

在拉塔尔的介绍下，我拜访了位于萨拉热窝新城区北部一座小山丘的半山腰上的住宅区，这里有一座古老的四层公寓。同拉塔尔所居住的新城区正中央的高层建筑群周围缺乏情趣的景色不同，这里有着略显浓密的绿意。

一位身材娇小的妇人，里耶卡·拉塔尔·达农，同儿子一家生活在这里。她小巧的房间里摆放着花、餐具和一张看起来略显陈旧的黑白的全家福，显得十分精致。

谈话时，达农始终保持着微笑，并不断地向我推荐她的红茶和点心。

达农和兹德拉夫科·拉塔尔拥有同一个祖父。

达农的外祖父则是犹太人。虽然宗教信仰不同，但是其外祖父也是来自波西米亚的铁路技术人员，他于1895年来到了萨拉热窝。

同样来自铁路家庭的捷克人父亲同犹太人母亲诞下了达农。据达农说，在奥地利统治下的萨拉热窝，各民族间的关系整体比较和谐，因此这样的婚姻也不会有什么困难。

达农的父亲安德雷亚·拉塔尔是家里的长子，因为同克罗地亚人同是天主教信徒，因此便在政府的户口登记中称自己为克罗地亚人。

达农之所以认为自己是犹太人，是因为她的丈夫也是一名犹太人。她的丈夫埃里·达农已经于1996年去世，他来自一个长期生活在萨拉热窝的犹太人家族。

他们是中世纪时被西班牙放逐、逃到“宽容之地”萨拉热窝的犹太人的子孙。就像“三代传承的历史学家”尼哈德·克雷舍布里亚科维奇带我去旧犹太人墓地时对我所说的那样，这个家族让我真切地感受到了萨拉热窝的多样性。

达农的丈夫埃里生于第一次世界大战开始的翌年，即1915年。当时他们一家人逃离战乱的萨拉热窝，来到现在的匈牙利南部临近塞尔维亚的塞格德，并在那里生下了埃里。

当时那里同萨拉热窝一样，是一座奥匈帝国统治下的城市。在战争结束后，一家人重新回到萨拉热窝，当时这座城市的统治者再次变更，南斯拉夫王国开始了它的统治。

达农的丈夫一家，同萨拉热窝事件也有一定的缘分。

达农的公公（埃里的父亲）原本在萨拉热窝经营一家咖啡厅，而这家咖啡厅就位于横亘在米里雅茨河上的拉丁桥的旁边，也就是暗杀现场的旁边。达农一家人告诉我，暗杀实施者塞尔维亚青年加费格里·普林西波在动手前，就是在达农家所经营的咖啡厅里喝下了最后一杯咖啡。

“三代传承的历史学家”波什尼亚克人尼哈德·克雷舍布里亚科维奇的祖父哈姆迪，据称在萨拉热窝事件发生时，从隔着一条马路的咖啡厅目击了事件过程。

两家的家族史中各自出现的咖啡厅会不会是同一家？我并不确定。

但是，被称作是“20 世纪开始的街角”的萨拉热窝事件现场，是改变了不同民族的很多人命运的历史节点，这一点是毋庸置疑的。因此，不同民族的众多家族才都会传承着与那一事件相关的记忆。

参与萨拉热窝事件审判的伯父

寻找百年前就居住在萨拉热窝的克罗地亚人家族花费了很长时间，不过最终还是找到了合适的采访对象——律师姆拉登·施坦。

施坦的家位于萨拉热窝市中心靠近旧城区的一座中层公寓。公寓所在的街道名为“哈姆迪·克雷舍布里亚科维奇路”。正是以波什尼亚克人尼哈德·克雷舍布里亚科维奇的祖父、受人敬爱的学者哈姆迪·克雷舍布里亚科维奇的名字命名的。虽然只是偶然，但我仍然感觉仿佛冥冥之中有一种缘分。带着这样的感觉，我踏上了楼梯。

迎接我的施坦先生体格看起来不错，外表看上去很强壮。可能是因为曾经的马术运动员的经历，施坦看上去显得很年轻。

他的第一句话便是“为什么一个日本记者会对我感兴趣”，看上去施坦对我的到来有些惊讶。

在我解释了自己想从不同民族的家族史追溯萨拉热窝的百年历史的想法后，终于得到了施坦的理解。

施坦首先从自己的祖父开始讲起。

他们一家也是在19世纪后半期，随着奥匈帝国版图的扩张以及铁路的延伸而来到了这里。并且在帝国皇位继承人斐迪南大公夫妇被暗杀后，他们家族中的法律工作者也参与到了该事件的善后处理中。

施坦的祖父马尔特·施坦出生在现在的克罗地亚中北部，原本在当地从事建设行业的工作，之后在铁路工程中承包了隧道的施工，并且在萨拉热窝定居。

当时延伸过来的铁路的车站旧址，现在仍然矗立在萨拉热窝市内的比什托里克地区。铁轨早已不见踪影，只剩下了建筑本身。如果没人提醒，你根本不会认出这曾经是一座火车站。不过仔细看的话，还是能够感受到一些蒸汽机车时代独有的风情。

在奥匈统治时代的近代化政策下，铁路作为“新文明”的象征被带到了波黑。而就像前文所述，很多人的命运都和这条铁路牵扯在了一起。不过回想一下在那之后萨拉热窝屡次经历的战火，不由得让人觉得这座当时的车站能够屹立至今，也可以说是一个奇迹了。

马尔特的长子，姆拉登·施坦的伯父尤拉伊·施坦是一位励志故事中的主角一般的人物。他学习了法律，并成为一名律师，之后转入政界，担任要职。

不过在1914年奥匈帝国皇位继承人斐迪南大公被暗杀的萨拉热窝事件发生之时，尤拉伊还只是一名经验不太丰富的法律从业者。

在对加费格里·普林西波的审判中，尤拉伊担任书记官。

对普林西波这样一个“改变世界史的人物”审判，按理说对于法律从业者是一个大展身手的舞台，但据施坦透露，当时他的伯父尤拉伊的工作性质仅仅要求准确地进行记录，“并不是能够左右案件审理的重要角色”。

普林西波（前排坐中间者）在萨拉热窝法庭接受审判

策划了暗杀行动的秘密组织"青年波斯尼亚"中的七名成员参与了这一暗杀计划的准备和实施，其中六人在案发后被逮捕，并受到审判。其中只有领导人达尼洛·伊里奇一人因为已经成年，而被判处死刑并执行。

而暗杀实施者加费格里·普林西波同其他被捕成员在当时都尚未成年，因此免于死刑。对加费格里·普林西波的判决是20年监禁。

普林西波在奥匈帝国统治下的波希米亚地区的一座小城特雷津的监狱中服刑，因为结核病，于一战末期的1918年病逝。

他的遗骸曾经被埋在他所服刑的波西米亚的特雷津，在一战结束后，随着南斯拉夫王国的成立，他的遗骸被迁回了萨拉热窝。

在今天的萨拉热窝市区北部的一个塞尔维亚人墓地中，路旁有一个小小的礼拜堂，而加费格里·普林西波同其他"青年波斯尼亚"组织的成员被一同葬在这里。

即使在21世纪的今天，包括波黑在内的前南各国仍然在围绕加费格里·普林西波的历史地位争论不休，他所引爆的这次世界大战更是造成1000万人失去了生命。

南斯拉夫王国的统治

第一次世界大战以奥匈帝国所属的同盟国一方的失败而告终。而奥匈认定为幕后黑手的塞尔维亚王国及英法俄主导的协约国获得了战争的胜利。

战后在塞尔维亚的主导下建立了将“南斯拉夫人”联合起来的新的南斯拉夫王国（当初的正式国名为塞尔维亚—克罗地亚—斯洛文尼亚王国）。

以萨拉热窝为中心的波黑地区，也结束了奥匈帝国的统治，成为新的南斯拉夫王国的一部分。

之后的南斯拉夫王国统治时期，恰好同两次世界大战之间的间隔期重合。南斯拉夫王国统治时期，王国的主体民族——实际控制政权的塞尔维亚人同对此感到不满而分离倾向高涨的其他各民族，特别是克罗地亚人之间的斗争贯穿始终，时局从未稳定过。

但是对于我在萨拉热窝采访的这几家人来说，两次世界大战期间的这段时期他们都享受到了一定程度的安定。

波什尼亚克人尼哈德·克雷舍布里亚科维奇的祖父哈姆迪，在第一次世界大战开战时，已经是一名站在讲台上的历史教师了。

战争结束后，进入了南斯拉夫王国的时代，哈姆迪仍然在历史学方面扎实地充实着自己。在第二次世界大战开战前夕，哈姆迪被总部位于克罗地亚萨格勒布的“南斯拉夫科学艺术学院”选为会员，对于波什尼亚克人来说这是第一次。同一年，他和妻子诞下一个男婴，取名为穆罕默德，也就是克雷舍布里亚科维奇的父亲。哈姆迪结婚比较晚，穆罕默德降生时，他已经超过 50 岁了。

塞尔维亚人、萨拉热窝大学原生物学教授柳博米尔·贝尔贝洛维奇的外祖父达尼洛·萨维奇在战后的1921年，年仅46岁便英年早逝。仅仅因为曾经同制造萨拉热窝事件的组织头目达尼洛·伊里奇在同一个学校工作过，而且同是塞尔维亚人，就被怀疑与事件有牵连，还因此失去了教职。而在调查过程中的拷问毁掉了他的健康。

不过在战后，贝尔贝洛维奇的母亲因为是战争受害者的女儿，获得了奖学金，前往当时的南斯拉夫王国首都贝尔格莱德的师范大学学习，并在那里邂逅了她的丈夫，结为连理。两人在后来都成了老师，在20世纪20年代后半期时，被派回了萨拉热窝任教。1933年，他们诞下了长子贝尔贝洛维奇。在那段时间里，一家人共同经营着来之不易的和平生活。

“从不认为自己是克罗地亚人”的兹德拉夫科·拉塔尔的家族中，以其来自捷克的祖父为首，众多家族成员都是铁路相关人员。但是兹德拉夫科·拉塔尔的父亲却是一家中的特例，他是一位颇具艺术家风范的小提琴手。在南斯拉夫王国时代曾经在剧场里演奏，也曾给人上小提琴课，但是仅仅靠这些无法维持生计，所以他还有一份公司职员的工作。

兹德拉夫科·拉塔尔的母亲从民族成分上来看，是一个在波黑比较少见的意大利人，信仰天主教。她的娘家人在波黑东北部城市图兹拉从事养蜂业。拉塔尔的父亲在萨拉热窝邂逅了卖蜂蜜的她后，便开始频频光顾她的生意，1935年，他们喜结良缘。兹德拉夫科·拉塔尔生于1937年，是独生子，没有兄弟姐妹。

兹德拉夫科·拉塔尔的妻子娜塔莎是一战时俄罗斯爆发革命后逃亡而来的俄罗斯贵族。他们当时先是从俄罗斯逃往当时还是一个独立国家的黑山。战后，黑山被南斯拉夫王国统一。当时有大量白俄人流入南斯拉夫王国，而这些人也为南斯拉夫提供了大量的文化教育方面的人才。

在过去的萨拉热窝，像这样一个家庭中交织着多个民族血脉的例子并不罕见。在两次世界大战之间的南斯拉夫王国统治时期，这一多元化性质也不曾改变。

萨拉热窝应有尽有

克罗地亚人律师姆拉登·施坦的家族又是怎样的情况呢？

他的伯父尤拉伊·施坦在第一次世界大战刚开始时，只是一名法律界的新人，在对萨拉热窝事件当事人加费格里·普林西波的审理中担任书记官。之后尤拉伊·施坦获得了律师资格证，并在法律界平稳发展。

再之后，尤拉伊·施坦转入了政界。尤拉伊·施坦本人是一个旨在谋求扩大克罗地亚人自治统治的中间派政党“克罗地亚农民党”的成员，1939 年二战前夕在该党联合执政时，尤拉伊·施坦也荣升为财政大臣。

姆拉登·施坦的父亲斯拉夫科也追随着兄长的足迹，成为一名律师。施坦的母亲是一名在天主教学校教授德语的老师。包括出生在1931年的施坦在内，他们共有两男一女三个孩子。

在20世纪30年代萨拉热窝出现第一家网球俱乐部时，施坦的母亲便是其中的一名会员。由此可见她是上流社会出身。

施坦给我看了一张他的母亲与当时网球俱乐部成员的黑白合影。带着时代气息的网球服和帽子，充满了优雅的气息。

“1937年到1941年的这段时间里，其他欧洲国家首都里有什么东西，萨拉热窝也是应有尽有。那是一个美好的时代。”

施坦这样回忆他的幼年时光。过去父亲带他去萨拉热窝西郊伊利扎的温泉的回忆，在他脑海中留下很深刻的印象。但是这美好的回忆，全都消散在了之后的第二次世界大战的战火中。

第三章

从第二次世界大战到社会主义时代

纳粹的侵略和互相之间的报复

二战中的波黑，属于纳粹德国、墨索里尼的意大利等轴心国一方同反法西斯的武装抵抗组织之间拉锯的战场，那是历史上血腥的一幕。

1939 年 9 月，纳粹德国入侵波兰，战争爆发。在第二次世界大战欧洲战场的初始阶段，南斯拉夫王国表面上宣告中立。但是经过开始阶段一连串势如破竹的连胜后，纳粹在欧洲大陆上占据很大的优势，对南斯拉夫来说，来自德国和意大利的压力日趋强大。同时南斯拉夫国内也存在着一种焦虑，担心本国站队太晚，会错过登上胜利者战车的机会。

1941 年，南斯拉夫王国加入了德意日三国的轴心国阵营。但是试图反扑的亲西欧派发动了政变。而纳粹德国以此为借口，对南斯拉夫王国发动了进攻。之后国王和政府机关逃离了首都萨拉热窝，流亡国外，南斯拉夫王国事实上已经瓦解。

几乎在同时，轴心国一方的意大利和匈牙利也派出军队进攻南斯拉夫。包括纳粹德国在内，三国分别确立了各自的占领区。

波黑大多数地区都沦为占领区，但克罗地亚是一个例外。

在克罗地亚，响应纳粹的进攻，一个克罗地亚极右翼民族主义组织乌斯塔沙宣布建立“克罗地亚独立国”。该国拥立一名意大利王室成员作为名义上的国王。这个国王一直居住在意大利，甚至从没有踏上过克罗地亚的土地。乌斯塔沙的实际领导者安特·帕韦利奇是“国家元首”，掌握着独裁权力。

这个所谓的“克罗地亚独立国”，除了轴心国阵营外几乎无人承认，事实上只是一个傀儡国。当时的日本，作为德意日三国轴心中的一轴——轴心阵营的主要国家，也同“克罗地亚独立国”建立了外交关系。

以萨拉热窝为首的波黑也被划入了“克罗地亚独立国”的版图。安特·帕韦利奇的出生地不在克罗地亚本土，而在位于波黑南部黑塞哥维那地区的一个农村，因此在他的想法中，“大克罗地亚”理应包含波黑地区。

安特·帕韦利奇的乌斯塔沙组织接受了纳粹的反犹太思想，

希特勒接见安特·帕韦利奇

在对犹太人的大规模屠杀活动中充当纳粹的爪牙，并且还将塞尔维亚人作为自己种族清洗的目标。该政权抓捕塞尔维亚人、犹太人还有罗姆人，并将他们关入集中营。在这过程中充满了屠杀等不人道行为。

而另一方面，塞尔维亚人一方的国王派民族主义组织切特尼克也报复性地杀害了众多克罗地亚人。双方之间充斥着以血还血的报复活动。

而在原南斯拉夫王国统治区域，还活跃着一支由之后成为总统的铁托所率领的共产主义游击队。

克罗地亚民族主义组织乌斯塔沙、塞尔维亚民族主义组织切特尼克，还有共产主义者的游击队，波黑沦为这三个势力交战的舞台，而波黑人民则在战火中挣扎。

这些家族在萨拉热窝绵延超过百年的几位采访对象也不例外。

接下来，让我们一起来看一看他们的家族是如何度过第二次世界大战的艰难岁月的。

未曾迎合当局的祖父

波什尼亚克人尼哈德·克雷舍布里亚科维奇一家中，他的祖父历史学家哈姆迪和他的父亲穆罕默德都一直居住在萨拉热窝。

在二战中的波黑地区，克罗地亚民族主义组织乌斯塔沙在意识形态上奉行法西斯主义，并且做出了很多诸如屠杀塞尔维亚人在内的不人道行为。而塞尔维亚人一方的民族主义组织切特尼克也以克罗地亚人为目标实施报复，双方互相实施着暴力。而夹在克罗地亚人和塞尔维亚人之间的波什尼亚克人，却没有自己的民族主义组织。

在乌斯塔沙看来，要在波黑地区进行统治，就需要在一定程度上将当地占相对多数的波什尼亚克人纳入自己的体制内。在这一背景下，波什尼亚克人内部，有很多人积极迎合波黑地区的新统治者乌斯塔沙。

在南斯拉夫王国时代，历史学家哈姆迪·克雷舍布里亚科维奇发表了众多论文和著作，受到高度评价，并且是波什尼亚克人当中第一位被总部位于克罗地亚萨格勒布的“南斯拉夫科学艺术学院”选为成员的人。

克雷舍布里亚科维奇的家里有一张哈姆迪的黑白照片，照片中的哈姆迪戴着没有帽檐的圆筒形土耳其帽，佩戴着圆镜片的眼镜，嘴唇上方蓄着翘起的胡须，从外貌中便能感受到严谨的学者气息。

在乌斯塔沙看来，若是能将享有盛名的哈姆迪纳入自身的体制中，也就能更容易地得到波什尼亚克人的顺从。于是，乌斯塔沙拿出文化大臣这一要职，邀请哈姆迪同他们进行合作。

但是哈姆迪并没有接受这一邀请。因为他的底线不允许他对乌斯塔沙的暴行视而不见。所以哈姆迪反而站到了乌斯塔沙的对立面，谴责乌斯塔沙对塞尔维亚人做出的不人道行为。

据他的孙子尼哈德·克雷舍布里亚科维奇说，波什尼亚克族知识分子们以上述主旨发表了一份批判乌斯塔沙的《萨拉热窝宣言》，哈姆迪也在这份宣言上签署了自己的名字。

哈姆迪的朋友中有许多人参加了游击队，其中也有一些人在战斗中被乌斯塔沙俘获。哈姆迪为了争取让这些人获释，积极地活动，试图说服治安当局。

哈姆迪始终保持着学者身份，始终做出不卷入战争的姿态，也从未拿起武器参加游击队。但是，他能够做到不随波逐流，始终与当时的统治者乌斯塔沙保持着距离。因此在战后，哈姆迪也保全了自己的名誉。

之所以能做出这样冷静的判断，应当是因为他具备历史学家独特的慧眼吧。

从塞尔维亚人到“意大利人”

对于居住在萨拉热窝的塞尔维亚人来说，南斯拉夫王国的瓦解、克罗地亚民族主义组织乌斯塔沙统治的开始，也意味着他们在二战中苦难的开始。

萨拉热窝大学原教授、塞尔维亚人柳博米尔·贝尔贝洛维奇一家也不例外。1941年夏，他的父亲彼得被剥夺了教职。

因为“父亲可能会被乌斯塔沙抓起来”，所以他们一家曾躲到了克罗地亚人朋友的家中，隐匿了数日。

从这一点可以看出，萨拉热窝的克罗地亚人并不是全都聚集在乌斯塔沙的民族主义旗帜下迫害塞尔维亚人，特别是刚开战不久，仍有克罗地亚人出于良心，庇护塞尔维亚人。

但是后来，不仅仅是乌斯塔沙，他们的幕后掌控者纳粹德国也将他们的秘密警察盖世太保派到了萨拉热窝来。塞尔维亚人想要在萨拉热窝找到一个安全的容身之处变得非常困难。贝尔贝洛维奇一家也选择留下年迈的祖母和一个姑姑，其余人逃往父亲的出生地——南亚得里亚海沿岸地区避难。他们当时居住在现在黑山的一座叫作科托尔的城市。

但是这一区域不久之后就被同属轴心国的意大利军队占领。

意大利的统治与纳粹德国、乌斯塔沙相比，管制相对宽松，至少没有采取乌斯塔沙那样试图清洗塞尔维亚人的政策。

但是，当地却不允许保留原有的身份认同。城市的名字“科托尔”被改成了“迦塔罗”这样一个意大利语风格的名字。不仅仅是地名，柳博米尔·贝尔贝洛维奇的名字也被改为了“柳博米罗”，父亲彼得的名字被改为了“彼得罗”，妈妈达尼扎的名字被改为了“达尼艾拉”，全家都被强制改成了意大利风格的名字。

为了证明这一点，贝尔贝洛维奇向我展示了他精心保管的当时的身份证。泛黄的纸张的右上角贴着一张黑白证件照，照片里是一个剃着平头的小男孩。这是 9 岁时的贝尔贝洛维奇。当时学校的课程也是用意大利语教授的。

为了逃避仅仅因为生为塞尔维亚人而要遭受的苦难，他们一家逃到了这里。而现在，却又被强行改变成了“意大利人”。这不得不说是民族标签造成的一个讽刺故事。

之后，也就是 1943 年 9 月意大利投降后，德军对贝尔贝洛维奇一家居住的地区发起了进攻。对此，游击队发起了大规模的抵抗运动。这一时期战乱造成的粮食不足引起了一段时间的饥荒。

“那是一个混乱不堪的时代。”贝尔贝洛维奇这样回忆道。

目睹野蛮的暴尸行为

对于留在萨拉热窝的其他民族的人们来说，接下来等待他们的命运是十分残酷的。

祖上来自捷克的自认为是“欧罗巴人”的兹德拉夫科·拉塔尔、犹太人里耶卡·拉塔尔·达农这一对表亲也是如此。

第二次世界大战刚开始时，拉塔尔一家仍然留在萨拉热窝。拉塔尔的祖父母一方出身捷克，外祖父母一方则是意大利裔。从宗教上来看，他们同克罗地亚人一样，都是天主教信徒，因此他们被统治萨拉热窝的克罗地亚民族主义组织乌斯塔沙视为危险分子的可能性比较低。但是随着粮食危机蔓延至萨拉热窝，他们的生计也变得非常艰难。

没什么名气的小提琴手和卖蜂蜜的母亲，在一场轰轰烈烈的恋爱后喜结连理，诞下了孩子拉塔尔，这看起来超脱世俗的一家也没能摆脱粮食极度短缺的烦恼。1943 年，母亲独自带着孩子回到波黑东北部图兹拉的娘家，那里粮食供应状况相对好一点。

然而在战乱中，拉塔尔在图兹拉附近同母亲失散。那一段时间，母亲被塞尔维亚民族主义组织切特尼克抓为人质。对于这段经历，拉塔尔不愿意多说。不难想象，这段幼时同母亲的离别经历在拉塔尔的心里留下了怎样的阴影。

在母亲被抓走后，拉塔尔又被图兹拉的亲戚送回到萨拉热窝的父亲身边。

在战争末期的萨拉热窝，拉塔尔目睹了至今难忘的景象。

那是 1945 年 3 月末的事情。铁托的游击队已经逼近萨拉热窝周边，对他们来说进入萨拉热窝只是一个时间问题。然而，就是在那段时间，已经处于劣势的克罗地亚民族主义组织乌斯塔沙犯下了骇人听闻的罪行。

“乌斯塔沙将那些以‘反叛者’‘间谍’罪名处死的人们的遗体，挂在了沿街的栗子树上。我从自家的窗户就能看见。有四十多人。”

四面环山的萨拉热窝冬季十分寒冷，冬天时这片土地上的人们都期待着春天的到来。进入春天后，树木开始发芽，花儿开始绽放，空气中都飘着让人快活的气息。但是1945年萨拉热窝的春天却完全相反，行道树都被覆盖上了一层凄惨的阴影。

听到拉塔尔的话时，我突然想到一点。拉塔尔在成年之后，坚决拒绝承认自己是“克罗地亚人”这件事的背后，是否是因为曾经目睹了那些打着克罗地亚人的骄傲的旗子的乌斯塔沙所犯下的罪行，也许正是因为目睹了这悲惨的景象，所以拉塔尔在意识深处不愿意承认自己是克罗地亚人。

庇护犹太人的义人

对拉塔尔的表亲达农来说，第二次世界大战中的民族问题，则是直接给她带来了切身的危险。父亲——铁路技术人员安德雷亚在登记户口时申报自己为克罗地亚人，所以他们没有因为民族问题被乌斯塔沙盯上。但是母亲阿马利娅却因为自身的犹太人身份，处境艰难。

1943年9月，在意大利投降后，阿马利娅的三位女亲戚（她们都是犹太人，之前一直躲在对犹太人相对宽容的意大利统治区）来到萨拉热窝的拉塔尔家寻求庇护。安德雷亚收容了她们，这样一来他背负的风险更大了。

有一次，乌斯塔沙的人来到他家附近进行搜查，“有情报称有一些犹太女性躲在这附近”。当时他们虽然屏住呼吸躲过了乌斯塔沙的搜查，但是无疑危险一度十分逼近。

之后不久，拉塔尔一家就在不向当局申报的情况下，悄悄地移居到别的地方，潜伏着生活，费尽力气逃离了反犹主义的魔爪。

当时的达农仍然是一个青年，在萨拉热窝的一所高中上学。当时的“克罗地亚独立国”是轴心国的一员，因此其统治下的萨拉热窝的学校中也有一些非常基础的日语课程。同属轴心阵营、德意日三国同盟的一个主要国家、承认“克罗地亚独立国”的日本，突然成为一个非常贴近她生活的事物。

达农的高中生活远称不上是“无忧无虑充满阳光的青春时代”。她绝不能让周围的人知道自己身上有犹太人的血液。

“我清楚地知道，如果一不小心把家里的事说漏了嘴，会发生什么样的事。”

达农的父亲安德雷亚在战后去世，他庇护犹太人的行为受到了后世的高度评价。2006 年，安德雷亚被以色列犹太人大屠杀纪念馆列入“国际义人”名单，予以表彰。这一奖项是为在针对犹太人的大屠杀风暴中，出于自己的良心为犹太人提供帮助的人们而设立的。

日本人当中，二战时期驻立陶宛考那斯的代理领事杉原千亩，因为在当时违令为犹太人签发了大量的允许过境日本的“生命签证”，所以在战后也被列入了“国际义人”之列。

在谈及父亲的善行时，达农淡然地说出了这样一句话。

“过去在这座城市里，没有人会问‘你是哪个民族的人’。因为重要的是你是什么样的人。”

达农若是一不小心让当局得知自家收留了那些犹太女性，恐怕全家都会被送进乌斯塔沙运营的像奥斯威辛一样的集中营，甚至被屠杀。但是经历了这么多的苦难的达农，现在只是在脸上浮现出温柔的微笑。

不受待见的一家

在模仿纳粹德国而建立的傀儡政权的统治下，即便是克罗地亚人，如果被当局认为是“碍事的人”，照样会处境艰难。

律师姆拉登·施坦一家当中，伯父尤拉伊·施坦曾担任南斯拉夫王国政府的财政大臣，父亲斯拉夫科是一名律师，都属于精英阶层。

但是1941年南斯拉夫王国在纳粹德国的进攻下覆灭之后，施坦一家的处境也开始恶化。

尤拉伊·施坦跟随流亡政府，从南斯拉夫王国首都贝尔格莱德逃亡英国伦敦。而斯拉夫科则留在了萨拉热窝。

乌斯塔沙控制萨拉热窝之后，斯拉夫科因为兄长在流亡政府中担任要职，虽然没有被当局拘捕，但是仍然被视为需要注意的人物，处处受到有形无形的限制，完全接不到律师的工作。

施坦这样形容那段苦难的时期：

“那段时间，父亲是不受欢迎的人物(Persona non grata)。”

之后，虽然战况发生了变化，但是施坦一家艰苦的境遇仍然没有改变。

铁托所率领的共产主义者武装抵抗组织在二战末期占据优势，但是在那之前的一段时间里，他们一度曾同南斯拉夫王国流亡政权一致同意在战后建立联合政府。

然而，这是游击队为了获得英美支援而采取的权宜之策，之后便毁约。

在当时双方达成这一约定时，铁托认为流亡政权的财政大臣尤拉伊·施坦是一个保守派人物，拒绝接受此人进入政府。

也就是说他们“也不受铁托的待见”。

1945 年后，一家人的苦难进一步加深。这一年，施坦的父亲斯拉夫科因被怀疑从事反体制活动而被逮捕，并被剥夺政治权利一年。1948 年再次被逮捕，这一次他在监狱中度过了五年。

支撑一家人的母亲，战前曾是萨拉热窝第一家网球俱乐部的创始会员，是一位优雅的上流社会出身的女性。

施坦这样回忆：“战后，母亲在商店做收银员，并为狱中的父亲送去慰问。”

因为一家人的境遇，施坦自己也不得不半工半读。在申请攻读大学多次被拒后，他以研修生的身份进行旁听，积攒学分，最后终于在 1953 年大学毕业。在服完一年兵役之后，他用五年时间取得了司法从业资格，终于成为一名律师。

经过种种努力，终于延续从伯父开始的家族传统，成为一名律师，我以为施坦一定会很骄傲。但是施坦只是淡淡地说出了这样一段话：“战前，律师确实是一个不错的职业，但是在进入社会主义时代后，律师的地位没有从前那么高了。”

同铁托的偶遇

对塞尔维亚人、萨拉热窝大学原生物学教授柳博米尔·贝尔贝洛维奇来说，20 世纪 50 年代时他与执政党的关系成了一个问题。

柳博米尔·贝尔贝洛维奇为了逃离乌斯塔沙对塞尔维亚族人的迫害，全家逃到了现在的黑山进行避难，战后他们响应铁托的号召，返回了萨拉热窝。

贝尔贝洛维奇从萨拉热窝的一所高中毕业后，1951 年考入了同属南斯拉夫联邦的斯洛文尼亚的卢布尔雅那大学医学部。

但是二年级时，他却因为政治问题而碰壁。他因为参加学生游行而受到处分，被共青团开除，同时也被学校开除了学籍。

同时，这一时期贝尔贝洛维奇收到了征兵令。

但是贝尔贝洛维奇并没有完全被命运所抛弃。他被军队派到了密码学校进行学习。在那里他因为成绩优秀而受到了好评，最后学籍、党籍(团籍)也都得到了恢复。

贝尔贝洛维奇在完成兵役后，插班进入萨拉热窝大学三年级学习，走上了生物学研究的道路。他的博士论文是研究亚得里亚海沿岸的岛屿上栖息的蜗牛的一种遗传性变异。

1962 年，贝尔贝洛维奇为了采集论文需要的蜗牛样本，在亚得里亚海沿岸待了一段时间。有一次他偶然看到了在附近散步的铁托，当时他便用手上的相机，将铁托的身影映在了胶片上。

现在贝尔贝洛维奇仍然留着当时的那张小小的黑白照片。照片上的铁托戴着他那副标志性的墨镜，脸上看不出任何表情。

贝尔贝洛维奇拍下照片后，立马就被警卫人员包围了起来，并受到质问："你怎么知道总统阁下会来这里？"

"我向他们解释我是为了生物学研究来这里采集标本，仅仅是偶然看到了总统先生。但让他们接受我的解释不太容易了。"贝尔贝洛维奇苦笑着回忆道。

虽然有这样的小插曲，但是贝尔贝洛维奇的生物学之路整体还是顺利的。

贝尔贝洛维奇同他在卢布尔雅那大学就读期间结识的斯洛文尼亚女性结婚，生下了一个女儿，但这次婚姻并不长久。之后，他在萨拉热窝同一个生于克罗地亚首都萨格勒布的女人再婚，这次他们生了两个女儿。贝尔贝洛维奇的女儿们是同父异母姐妹并且民族背景还有若干不同，但是他的女儿之间、前妻和妻子之间的关系都比较和谐。像这样的具有多样背景的家庭，在南斯拉夫这个多民族国家并不罕见。

民族主义是禁忌

20世纪前半期给这一地区带来动荡的民族主义被认为是妨碍统一的危险思想。所以，在二战后建立的社会主义国家南斯拉夫联邦内，民族主义思想都被消灭在了萌芽阶段。

铁托本人也特意从不在公众面前谈及自己的民族出身。

在那段时期，社会上确实也有着支持多民族共存理想的共鸣。在人口调查中，在所属民族这一项，可以向国家申报自己是不属于任一民族的“南斯拉夫人”。虽然信仰天主教，但是并不认为自己是克罗地亚人的当地报纸的原记者兹德拉夫科·拉塔尔就是这样做的。

奥斯曼土耳其时代开始就居住在萨拉热窝的波什尼亚克人一家中，尼哈德·克雷舍布里亚科维奇的祖父哈姆迪，因为在二战中所采取的姿态，所以在战后并没有受到当局的为难。

哈姆迪在战前是一位颇有成就的历史学者，在战争中，他没有同统治萨拉热窝的克罗地亚民族主义组织乌斯塔沙合作。而在那些加入铁托游击队的朋友被逮捕后，哈姆迪还会为了他们能够获释与当局交涉，并且批判当局迫害塞尔维亚人的政策。这些都已经在前文中有所介绍了，凭借这些行为，在进入社会主义时代后，他获得了一枚以铁托的名义授予的奖章。

哈姆迪以一名学者的身份，在萨拉热窝创建了文化遗产保护研究所，他一直活跃在学术界，到1959年去世为止，他一生中共写下了约 350 篇论文。

但是这并不意味着他同民族主义这一禁忌完全无缘。

在美国 2007 年出版的一部以英语编纂的名为 *The A to Z of Bosnia and Herzegovina* 的百科辞典中，有一条“哈姆迪·克雷舍布里亚科维奇”的条目。其中记载道：“战后，其作品中被认为是偏袒克罗地亚的那部分被禁止发行。”

破灭的五环理想

对于坚持宣传多民族国家理想的联邦国家南斯拉夫来说，这一有名无实之花最后一次绽放是在 1984 年萨拉热窝冬奥会时。

冬奥会即将开幕的那年 2 月，萨拉热窝罕见地遭遇了降雪不足的情况。

即使可以使用人工降雪技术，但当时的技术水平仍然十分有限。当时很多市民都很焦急，担心这会不会给冬奥会的举办带来困难。

但到了开幕式前夜，宛若魔法一般，大家期待的雪开始降下来。而且还是一场大雪，城市都被染成了白色。

“奥运对萨拉热窝和波黑来说，也是一个重大开发项目。”组委会秘书长艾哈迈德·加拉贝戈维奇这样回忆道。

1978 年，在国际奥委会(IOC)雅典大会上，萨拉热窝以三票之优势击败了试图举办第二次冬奥会的札幌，被选为举办地。

如第一章所述，之所以将奥运会申办地点选在冬季运动并不兴盛的波黑地区，铁托是有他的想法的。虽然南斯拉夫是一个多民族国家，但是以其加盟共和国来看，其他五个共和国基本是由一个主体民族占据绝对多数，而只有波黑是没有特定民族占据多数的共和国。因此，他将波黑的中心城市萨拉热窝选作了展示联邦统一的舞台。

在国际范围内来看，铁托的南斯拉夫所采取的不结盟路线，也引起了人们对萨拉热窝奥运会的期待。四年前的1980年莫斯科奥运会沦为国际政治斗争的工具。当时，为谴责苏联于1979年末对阿富汗的入侵，包括美国、日本在内的西方诸国大半抵制了这次奥运会。作为回应，和萨拉热窝冬奥会同年的1984年洛杉矶夏季奥运会举办时，苏联、民主德国等东方阵营国家，以美国在1983年对格林纳达的入侵为由，抵制了这次奥运会。

在这样的背景下，虽然是社会主义国家，但是却是不结盟运动的领导国的南斯拉夫所举办的萨拉热窝冬奥会，就被人们寄予了超越东西对立、用体育带来世界和平的期待。

“听到‘萨拉热窝’这个词，世界上大多数人想起来的都是第一次世界大战的导火索——针对弗朗茨·斐迪南大公夫妇的暗杀事件。而我们想以奥运为契机，给大家留下更多正面的印象。”当地代表加拉贝戈维奇抱着这样的希望。

冬奥会在一片祥和的气氛中拉开了帷幕。

萨拉热窝当地出身的女子速度滑冰选手微微雅·凯拉原本是一名田径运动员、铁饼选手，因为其优秀的爆发力和耐久力而被选为速滑选手进行培养。萨拉热窝缺乏冬季运动的基础，所以在冬奥会开幕之际，为了提高本地选手的水平，有了这样从别的运动项目转职的例子。

凯拉虽然最终在比赛中未能取得成绩，但是她作为少数的“代表萨拉热窝的选手”，受到了当地群众的声援。

凯拉自身也带着身为一名东道主的自觉，将奥运村视为与他国选手进行交流的重要场所，十分重视。

她仍然记得开幕式那一天，选手们自发地清理了从早上开始积起来的厚厚的雪。“大家是一家人。”

在开幕式的表演中，穿着鲜艳服饰跳舞的那些年轻人，在数月之前就从南斯拉夫全国集结到了萨拉热窝，为这一天进行不懈的练习。白色雪景下穿着明亮而又色彩斑斓的年轻人的集体舞给人们留下了很深的印象。当时的人们确实可以说是团结一心。

“当时充满了团结的氛围，没有民族差异，大家都是‘南斯拉夫人’。”在萨拉热窝奥组委中担任涉外接待负责人的前外交官海尔丁·索门这样回忆道。

“在那之后发生的事情，是谁都没能想到的。”

萨拉热窝冬奥会所带来的那种温暖而团结的氛围，在短短不到八年的时间里，从这座城市完全消失。而取代它的，是煽动民族仇恨、煽动人们以民族差异分辨敌我、将“敌人”抹杀的狂热。

从下一章开始，终于将要进入人们对 20 世纪 90 年代内战的回忆这一部分了。

第四章

南斯拉夫解体和内战初期

关于“之前的那场战争”的记忆

在20世纪中经历了三次战火的波斯尼亚和黑塞哥维那人民，经常将20世纪90年代的内战称为“之前的那场战争”。

对于在本书中登场的这些定居萨拉热窝超过百年的家族的后代，第一次世界大战对他们来说仍然是上一代人的故事，而第二次世界大战时，即使亲身经历过，也往往还正值幼年。

但“之前的那场战争”对他们每一个人来说都是和自己直接相关的一场纷争。许多人经历过难以忘记的故事。同时媒体报道、相关的研究书籍等二次信息的量也十分大。

登场人物的名字、事件、地名等也涉及多方面，对于不知道的人来说，可能看起来会十分复杂。

这一章开始，我将首先展示一个从内战前夜到内战结束的大的俯瞰图，接下来再将这些人物在内战期间的经历、感受插入其中。

米洛舍维奇的崛起①

米洛舍维奇

曾经是一个统一国家的南斯拉夫，在冷战结束后，构成联邦的各加盟共和国迅速分离独立，联邦解体。内战就是发生在联邦解体过程中的现象。

20 世纪 90 年代南斯拉夫解体的原因究竟是什么呢？

其实南斯拉夫的解体在 80 年代就已经埋下了伏笔。

20 世纪 80 年代南斯拉夫国父铁托去世后，联邦转为了集体领导制。六个共和国和两个自治省各自选出一名代表，这八人组成“主席团”，国家元首以一年为任期，由主席团成员轮流担任，这套体制可以避免权力集

① 南斯拉夫解体前到波黑内战结束的这一段历史，特别参考了月村太郎的《ユーゴ内戦——政治リーダーと民族主義》（东京大学出版社，2006 年出版）。

中在特定的人手中。

但是与此同时，曾经被铁托的强硬统治所压制的民族主义思潮迅速抬头。

可以说联邦内的“南北问题”这一结构性问题也起到了负面作用。相对经济比较发达的北部共和国斯洛文尼亚和克罗地亚认为自己的财富被拿去援助相对贫穷的南部共和国了，对此感到不满。

因此，在冷战后期的80年代末，出现了一些领导人，利用曾经被视为禁忌的民族主义巩固自己的政治地位。

其中的一个典型，就是掌握塞尔维亚共产党大权的斯洛博丹·米洛舍维奇。在南斯拉夫解体的过程中，在欧美等地媒体的报道中，他可以说是那个“最坏的反派”了。

在日本也有一段时间，“米洛舍维奇”这个名字在新闻中成为抢眼程度不逊于伊拉克前总统萨达姆·侯赛因的人物。

他到底发挥了怎样的作用呢？

米洛舍维奇原本是南共的精英党员，之后受到拔擢，担任国有大银行贝尔格莱德银行的行长，是一名技术官僚。

1986年起担任相当于塞尔维亚共和国最高领导人的总书记伊凡·史丹姆波利克是促进米洛舍维奇晋升的后盾。

1986年，涌动的塞尔维亚民族主义思潮随着一份报告而浮出水面。这是一份由历史学家撰写的塞尔维亚科学艺术学院的秘密报告，其中明目张胆地敌视科索沃的阿尔巴尼亚人和克罗地亚人。同时文件也称塞尔维亚人在联邦中受到了不公正的待遇。

当时，米洛舍维奇至少在表面上仍然保持着冷静的态度，他遵循史丹姆波利克的方针，批判这份报告“除了黑暗的民族主义外空洞无物”。

然而到了翌年即1987年，米洛舍维奇却开始迅速地将自己的立场向民族主义靠拢。

1987年4月，米洛舍维奇受史丹姆波利克之命，前往科索沃自治省，听取当地对联邦内塞尔维亚人处境感到不满的塞尔维亚人的要求。

会场中挤满了人，甚至难以进入。现场的群众与维持秩序的警方人员爆发了冲突。而当时米洛舍维奇所采取的对策，是他第一次改变自己的路线。

米洛舍维奇为了平定局势，来到会场外进行演说，向现场群众承诺：“我不会允许任何人殴打你们或者把你们怎么样。”听到这句话，现场的塞尔维亚群众沸腾了起来。这是米洛舍维奇第一次尝到用民族主义煽动人群的甜头。

在开始转向民族主义者的同时，米洛舍维奇也开始站在了提携过自己的史丹姆波利克对立面。而史丹姆波利克于1987年12月被解除了职务。

稍微偏离一下正题，我曾在那之后的2000年9月，在贝尔格莱德的一座大礼堂中，目睹了正在进行选举演讲的米洛舍维奇的身姿。米洛舍维奇在一个月后就因为民众起义而失势，那是他掌权的最后一段时间了，在那段时间里米洛舍维奇很少出现在公众面前。也因此，这是我唯一一次亲眼见到米洛舍维奇本人。

他的演说并没有口齿伶俐的感觉。再加上米洛舍维奇向下弯的嘴巴和看起来很不愉快的表情，给我的印象就是，他并不是一个依靠个人魅力吸引支持者的人。

1989 年时米洛舍维奇终于坐上了塞尔维亚共和国总统的宝座。1974 年宪法修正案给予了塞尔维亚共和国下属的科索沃和伏伊伏丁那两个自治省高度的自治权，而米洛舍维奇在当选后则开始谋求再次修改宪法并大幅削减其自治权。在 1989 年 3 月，米洛舍维奇实现了这个目标。

600 年前的失败

1989 年 6 月 28 日，是对塞尔维亚人来说十分重要的“科索沃战役”600 周年纪念日。中世纪的 1389 年，塞尔维亚军队在这里同奥斯曼帝国军队交战，结果战败。但是对于塞尔维亚人来说，这次战役为他们留下了很多可歌可泣的民族英雄的传说。

在科索沃战役遗址所举办的庆祝仪式上，至少聚集了数十万人，米洛舍维奇在他们面前发表了演讲。他在演讲中称赞了塞尔维亚过去战斗的历史，并且强调科索沃战役的失败是因为内部的不团结造成的。

“现在，我们正处在另一场战役中。”

他将当时塞尔维亚人的困境比作 600 年前的战败。

虽然在演讲中，米洛舍维奇在表面上坚持“不要用武器去战斗”，并且也提到了南斯拉夫多民族共存的理想，但是却展示了一种领导人公然支持铁托时代曾是禁忌的民族主义的姿态。对于那些蜂拥而至的塞尔维亚人来说，米洛舍维奇的演讲内容足够煽动他们的民族主义情感，并让他们为米洛舍维奇送去了喝彩。

这一风气，在1989年秋柏林墙倒塌之前就已诞生。

冷战虽然尚未结束，但是南斯拉夫内部因为民族主义所造成的矛盾已经扩大到了不可挽回的地步。

自由选举带来的后果

在联邦国家南斯拉夫的解体过程中，利用曾被视为禁忌的民族主义在政坛崛起的政治家，不仅仅出现在塞尔维亚。

在克罗地亚，原南斯拉夫人民军军人、历史学家、曾因民族主义言论而被当局关押的弗拉尼奥·图季曼于1988年2月，创立了不被当局承认的在野党组织“克罗地亚民主联盟”，并于翌年即1989年正式建党。

而在波黑，曾因为过于鼓吹复兴伊斯兰思想而被视作危险人物并受到当局关押的学者阿利雅·伊泽特贝戈维奇于1988年出狱，并登上了政治舞台。阿利雅·伊泽特贝戈维奇创立了同样标榜民族主义的“民主行动党”。

这些在塞尔维亚加盟共和国之外出现的民族主义政党，是同伴随着冷战结束而到来的民主化进程分不开的。

在柏林墙倒塌后，此时的波兰、捷克斯洛伐克、匈牙利等原社会主义阵营各国相继开始实施多党制下的自由选举制度。同样，在南斯拉夫国内，也于1990年相继开始实施选举，在同年4—5月的选举中，在斯洛文尼亚、克罗地亚等加盟共和国国内，民族主义政党都取得了压倒性胜利，取代共产党执掌政权。

而在塞尔维亚，米洛舍维奇的做法同东欧的民主化进程不同，他仍然使南共联盟(共产党)保持着优势，并借此巩固自己的权力。在联邦政府的最高决策机构主席团中，除了自己的塞尔维亚共和国的一票外，米洛舍维奇还控制着来自科索沃、伏伊伏丁那两个自治省，还有民族、社会方面都十分相近的黑山共和国的三票，也就是说在总共八人的主席团中，他控制着四票。因此在主席团进行多数表决时，米洛舍维奇一方能够联合抵制对自身不利的议案，使其无法达到超过半数的五票，也就是说事实上拥有着否决权。

虽然米洛舍维奇通过修宪大幅削减了塞尔维亚共和国下属两个自治省的自治权，但是为了保证自己一派在联邦中的发言权，米洛舍维奇保留了两个自治省在主席团中的席位。也就是说米洛舍维奇完全是按照对自己一方有利的角度利用了这些自治省。

而对于塞尔维亚之外的加盟共和国，特别是斯洛文尼亚、克罗地亚一方来说，若要在联邦的框架内推动分权，势必无法绕过塞尔维亚一方否决权的壁垒，因此其分离意志进一步高涨。

1989 年起，因为联邦政府经济政策的失败，南斯拉夫经济受到通货膨胀的袭扰，而在经济困境下，民族主义成为人们的发泄口，受到越来越多的支持，形成恶性循环。

南斯拉夫的解体进程已经开始。

斯洛文尼亚、克罗地亚独立

1991 年 6 月 25 日，斯洛文尼亚、克罗地亚相继宣布独立。

在此之前，虽然南斯拉夫的国家体制日益变得有名无实，但是其仍然拥有着维护自身统一的强制性力量——南斯拉夫人民军（JNA）。

因此，斯洛文尼亚和克罗地亚预见到了可能的内战，都加速建设着独立的国防体制，整军备战。

铁托领导下的南斯拉夫，将苏联视为假想敌，在这样的背景下，南斯拉夫采用“全民皆兵”的军事政策保证自身的自主防卫能力，并且各区域都有地区卫戍部队。斯洛文尼亚、克罗地亚便以上述条件为基础，以内务部管辖的警察部队为核心，新建了本国的军队。当时还出现了两国出身的士兵大量从南斯拉夫人民军退役并加入本国军队的现象。

斯洛文尼亚在宣布独立后，迅速控制了设立在机场和国境线上的出入境管理设施。从拒绝承认其独立的南斯拉夫的立场上来看，这是武力侵犯联邦专属权力的行为。因此南斯拉夫人民军迅速介入，试图夺回这些设施，双方开始武装冲突。

而受到欧共体(EC)调停的影响，7 月，围绕斯洛文尼亚独立的武装冲突便在很短的时间内结束了。最终，南斯拉夫人民军同意从斯洛文尼亚撤离，斯洛文尼亚事实上获得了独立。

斯洛文尼亚的独立战争因为其延续时间之短而被称为“十日战争”。这次战争之所以能够在如此短的时间内结束，是因为从民族角度来看，斯洛文尼亚在南斯拉夫各加盟共和国当中是一个民族非常单一的国家，绝大多数人口都是斯洛文尼亚人。斯洛文尼亚人之外的少数民族人口不到 3%，因此在当时斯洛文尼亚国内并不存在团结起来反对独立的势力。

而克罗地亚在宣布独立后也开始了同南斯拉夫人民军的内战，但是这一次战争没能在短时间内结束。

克罗地亚国内约占人口一成并且集中聚居的塞尔维亚人，极大地影响了事态的发展。

在 1990 年春天的选举中，克罗地亚民主联盟的弗拉尼奥·图季曼成为掌握政权的克罗地亚共和国总统，他原本是人民军军人，而在离开军队后曾做过一段时间的历史学者。弗拉尼奥·图季曼曾在公开场合试图为二战中纳粹德国的傀儡、控制着“克罗地亚独立国”的武装组织乌斯塔沙洗白。

在居住在克罗地亚的塞尔维亚人看来，这样一个对过去迎合纳粹、迫害犹太人和塞尔维亚人的历史不思悔改反而大肆鼓吹民族主义的克族领导人的上台，对他们来说意味着很大的危险，因此塞尔维亚人的危机感也日益强烈。

克罗地亚境内塞尔维亚人的聚居地有两处，一处是位于克罗地亚中部的克拉伊纳地区，另一处是位于塞－克边境的东斯拉沃尼亚地区。在这两个地区，塞尔维亚人同克罗地亚的新体制对抗，用武力建立了自己的统治区域，并谋求同塞尔维亚“母国”的合并。因此，这次内战十分激烈，并且历时长久。

在东斯拉沃尼亚的要冲武科瓦尔，从1991年8月起，当地的塞族武装以及支援他们的南斯拉夫人民军同克罗地亚军队之间的武装冲突开始激化。同年秋天，克罗地亚军队试图据城而守，但是最终于11月时，南斯拉夫人民军攻陷了城市。

而位于亚得里亚海海滨的要塞城市杜布罗夫尼克，是一个保留着中世纪风光的观光胜地，并且是世界遗产。因此南斯拉夫联邦陆海空三军对这里发起的进攻，受到了国际上的非难。

1991年末至1992年初，联合国秘书长特别代表、美国前国务卿塞鲁斯·万斯被委任负责调停克罗地亚战争，“停战”这一外交选项开始出现在人们的视野中。联合国的一支维和力量——联合国保护部队(UNPROFOR)进驻克罗地亚国内塞尔维亚人宣布自治的、相当于国土面积三分之一的区域，将这一地区置于国际管理之下。因此双方实现了停战，克罗地亚内战结束。

伴随着这些外交活动，当时的欧洲各国迅速相继承认了斯洛文尼亚和克罗地亚的独立。最早承认两国独立的是德国。

当时就是否承认斯洛文尼亚和克罗地亚两国一事，在欧洲内部曾经存在分歧，特别是因为克罗地亚，虽然战斗已经告一段落，但这仍然不过是一个停战期，国内的塞尔维亚人问题尚未解决，因此有意见认为正式承认克罗地亚独立仍然为时尚早。

然而当时的德国，随着柏林墙的倒塌结束了冷战下的隔阂，并于 1990 年 10 月实现了东西德的统一，正意气风发。因为其刚实现了德意志民族的国家统一这一历史成就，因此在南斯拉夫问题上，德国将“民族自决权”视为第一优先，没有进一步的深思熟虑。

在 1991 年 12 月 23 日，德国对反对声置之不理，宣布承认斯洛文尼亚和克罗地亚两国的独立。其他的欧共体诸国也于翌年即 1992 年 1 月相继承认了两国的合法性。

南斯拉夫联邦的解体，至此可以说已成定局。

而对仍然留在南斯拉夫框架内的波黑共和国则可以说是奏响了内战的序曲。

三足鼎立

波黑内战造成了南斯拉夫解体过程中最大的伤亡，死亡人数达 20 万人以上。

为何战争如此激烈?

原因在于波黑国内各民族集团间复杂的力量均衡。

如前文所述，在构成南斯拉夫的各加盟共和国中，除波黑之外的其他五个，都有一个与国名相同的民族占据人口的大多数。

因此在南斯拉夫解体的过程中，斯洛文尼亚和克罗地亚虽然经历内战，但是最终都能基本保持前南时代的领土完整，获得独立。

因此粗略来说，前南各单一民族加盟共和国基本上都以其民族为主体，遵循“民族自决”的原则形成了独立的民族国家。

但是波黑却不能照搬这一原则。这就是多民族国家所面临的矛盾。

在波黑国内，人口最多的民族为波什尼亚克人，占据人口总数的四成以上，但是又没能过半数。塞尔维亚人占三成多，克罗地亚人则不到两成。也就是说相邻两国的主体民族，都有大量人口居住在波黑境内。因此在波黑国内就形成了三支民族主义势力激烈交锋的局面。其中塞尔维亚人、克罗地亚人都受到了各自“母国”的影响，这使事态进一步复杂化。

继斯洛文尼亚和克罗地亚之后，1990 年 11 月，波黑以民主化的形式实施了议会选举，同前南各其他加盟共和国一样，民族主义政党获得了巨大的支持，但是在波黑国内，民族主义政党却没能单独执政。因为就像是对波黑国内人口构成的反映，波什尼亚克人、塞尔维亚人、克罗地亚人各自拥立了自己的民族主义政党。

三党最初试图联合执政。当时国内最大的民族波什尼亚克人的民族主义政党——“民主行动党”的领袖阿利雅·伊泽特贝戈维奇成为国家总统、主席团主席。这个人物就是曾因过于鼓吹复兴伊斯兰思想而被认为思想过激、一直被关押到 1988 年的那位。

塞尔维亚人一方则是原精神科医生、诗人拉多万·卡拉季奇所领导的“塞尔维亚民主党”获得了支持。

克罗地亚人一方则是收获了民族主义者支持的“克罗地亚民主联盟”。党名同当时已经开始加速推动克罗地亚独立的“母国”的弗拉尼奥·图季曼所领导的政党相同，从这一点便能看出其深受克罗地亚“母国”影响。

波黑共和国内联合执政的垮台

波黑国内联合执政的三党在 1990 年 11 月通过波黑首次民主议会选举上台后，对之后波黑的展望、各党的政治活动都是基于波黑留在南斯拉夫联邦内这样一个前提定下的。

但是翌年即 1991 年，随着邻国克罗地亚宣布独立、内战爆发，波什尼亚克人和克罗地亚人各自的主要政党——民主行动党和克罗地亚民主联盟也开始重视波黑的“主权”，开始倾向于将波黑从南斯拉夫联邦中独立出来。而塞尔维亚民主党则保持着原本的维持南斯拉夫联邦的主张，双方立场的对立逐渐尖锐化。

斯洛文尼亚和克罗地亚的独立带来了南斯拉夫联邦的解体，也打破了波黑内部各民族主义政党一直以来的某种平衡。

在波什尼亚克人和克罗地亚人各自的民族主义者看来，随着斯洛文尼亚和克罗地亚的脱离，南斯拉夫联邦这一“分母”已经变小，必然会导致塞尔维亚人的话语权相对提升，因此即使波黑留在联邦内，联邦恐怕也不会支持波黑的主张。

也就是说，在这一事实上由塞尔维亚人控制的联邦国家中，他们会变成一个十分无力的存在。因此他们认为留在联邦内已经是一个无法接受的选项。从联邦分离独立、确立主权是他们最优先考虑的选择。

而对于波黑内部的塞尔维亚民族主义者来说，若是波黑从南斯拉夫联邦脱离，塞尔维亚人就会沦为波黑内部的“少数派”。

在看到居住在宣布独立的克罗地亚境内的塞族同胞们的境遇后，波黑塞族势力的担心变为了确信。因此他们与克罗地亚境内的塞尔维亚人一样，首先宣布设立以塞尔维亚人为主体的“自治区”，确保自身的统治区域。而在此之上，最好能够让波黑整体都留在塞尔维亚“母国”所主导的南斯拉夫联邦国家的框架内。

这样两种相反的想法互相冲突，波什尼亚克人、克罗地亚人两个民族势力同塞尔维亚人势力的对立，在 1991 年后半年进一步加深。1991 年 10 月，波黑共和国的多党联合执政政权解体。

引发最终解体的导火线，是当月波黑共和国议会所通过的《关于主权和中立的备忘录》。这一备忘录涉及了联邦解体时波黑自身的独立等内容，因此虽然还不是正式的独立宣言，但是可以说内容上只有一步之遥了。这一备忘录是在波什尼亚克人和克罗地亚人力压塞尔维亚人的反对的情况下通过的。

作为反弹，塞尔维亚民主党自此开始抵制波黑共和国议会，并开始加快实施塞尔维亚人自身的全民公投，表现出了强烈的留在南斯拉夫联邦内的意向。

反弹导致了进一步的反弹。波什尼亚克、克罗地亚民族势力决定于1992年2月29日、3月1日两天举行决定波黑是否应该独立的全民公投。

两个阵营的冲突迅速激化，甚至开始考虑将武力列入备选手段。

但是，虽然波什尼亚克人、克罗地亚人两个民族势力就脱离南斯拉夫联邦寻求独立这一点达成一致，但是在这之后应当建设一个怎样的波黑这一点上，双方却是同床异梦，存在着以下分歧。

波什尼亚克民族势力试图利用自身是最大民族这一个“数量优势”，建立一个中央集权的波黑。

而克罗地亚民族势力则认为在排除塞尔维亚的影响、首先实现波黑的独立后，波黑国内应当继续推行分权，建立一种能使自身同克罗地亚“母国”进行合作的、设置自治区域的制度。

一些更极端的克罗地亚人认为，波黑应该分为三个部分，一部分同克罗地亚合并，一部分同塞尔维亚合并，只要将最后一部分留给独立的波黑就好。

克罗地亚的总统弗拉尼奥·图季曼也确实曾提议分割波黑。因此对于波什尼亚克人来说，克罗地亚人并不是一个能够完全信赖的伙伴，因此总是对克罗地亚人带着点提防。

各民族主义势力带着各自的算盘互相攻击，形成三足鼎立之势。

“我们立场不同”

萨拉热窝的市民们又处于怎样一种氛围中呢？

“到1992年初春为止，至少发生了十起民族仇杀事件。”波什尼亚克人、萨拉热窝战争剧院的负责人尼哈德·克雷舍布里亚科维奇回顾道。

如前文所述，萨拉热窝的居民中很多人的民族归属并不能简单地进行非黑即白的划分。一直到南斯拉夫联邦开始解体时，当地都宣扬着社会主义联邦下“多民族共存”的社会理想。因此现实中很多人确实在人际交往中从来没有去思考过民族差异。

而这一社会氛围发生了急剧的恶化。

当时十几岁的尼哈德·克雷舍布里亚科维奇有一个同属一个乐队的塞族好友。

尼哈德·克雷舍布里亚科维奇记得，在内战开始的前夜，1992年初，他同那位好友就民族纷争、历史等问题发生了争执。

当时邻国克罗地亚于1991年6月宣布从南斯拉夫独立，而之后的半年中双方进行了激烈交战。南斯拉夫人民军(JNA)因炮击亚得里亚海沿岸的世界遗产城市杜布罗夫尼克，导致历史古城被破坏，受到国际谴责。

尼哈德·克雷舍布里亚科维奇在同朋友聊天时谈到了这个问题，然后问出了自己的一个单纯的问题："人民军的行为，到底有什么意义呢？"

而他的朋友反驳他"是利用城市当作自己盾牌的作战方法不对"，也就是说责任在于克罗地亚人一方。两人发生了争吵。

接着，尼哈德·克雷舍布里亚科维奇继续问道："那你怎么看加费格里·普林西波这个人？"在引燃第一次世界大战的萨拉热窝事件中，正是加费格里·普林西波这名塞尔维亚青年射杀了奥匈帝国皇储斐迪南大公夫妇。"杀害身怀六甲的大公夫人，这种行为和恐怖主义有什么两样？"尼哈德·克雷舍布里亚科维奇接二连三地质问。

尼哈德·克雷舍布里亚科维奇的朋友犹豫了一瞬间，留下了一句"即便如此，他也是我们传统的一部分"便离开了。

"当时，切身感受到了我们两人立场的不同。"尼哈德·克雷舍布里亚科维奇这样回忆道。同原本的那位塞族朋友之间，已经产生了明显的裂痕。

那位朋友不久后离开了萨拉热窝，移居塞尔维亚。自那之后，音信不通。

尼哈德·克雷舍布里亚科维奇一家当时都置身于席卷萨拉热窝的扎根于民族主义情感的政治风暴中。

一部分缘由是因为 1939 年出生的父亲穆罕默德进入政坛。原本父亲穆罕默德和祖父哈姆迪都是历史学者，因此也继承了哈姆迪所创立的萨拉热窝文化遗产保护研究所，常年担任所长，是一位学究。但是在内战前的1990年波黑首次实施多党选举时，穆罕默德作为波什尼亚克人民族主义政党民主行动党的候选人，当选成为萨拉热窝首位民选市长。

穆罕默德原本想要超越民族差异，阻止当地社会的割裂，但是周围发生的一切完全同他的想法背道而驰。

在关于波黑今后应当建立怎样的政治体制这一问题上的路线斗争，其势头已经大到凭市长一人之力无法左右了。

再次响起的枪声

关于波黑独立问题的全民公投于1992年2月29日和3月1日两天举行。拥有投票权的人中有三分之二参加了投票，而投票结果以99%以上的压倒性多数支持独立。因此波黑共和国政府主席团主席阿利雅·伊泽特贝戈维奇于3月3日宣布独立。

但是在这次事件中，塞尔维亚人势力抵制了整个公投活动。在投票当天，首都萨拉热窝发生了枪击事件，互相敌对的民族主义势力在街头设置街垒，之后各地的冲突迅速激化。

波什尼亚克人尼哈德·克雷舍布里亚科维奇至今仍然清晰地记得在公投的最后一天即3月1日，他在街头偶然看到的景象。

当时有一个车队在窗口打着巨大的塞尔维亚国旗从萨拉热窝的市中心驶过。

“非常怪异，只能看作是挑衅。”尼哈德·克雷舍布里亚科维奇回忆道。

如第二章中所介绍的那样，尼哈德·克雷舍布里亚科维奇的祖父哈姆迪，曾在 1914 年 6 月 28 日，目击了第一次世界大战的导火索——塞尔维亚青年加费格里·普林西波枪杀访问萨拉热窝的奥匈帝国斐迪南大公夫妇的过程。

而哈姆迪的孙子，尼哈德·克雷舍布里亚科维奇在 1992 年时，刚开始在大学学习历史。他当时所目睹的景象，也可以说是成为后来波黑内战起点的那一事件的序曲。

想不到祖父和孙子在时隔 70 多年的萨拉热窝，都目击了战争爆发的导火索。

尼哈德·克雷舍布里亚科维奇所看到的那个打着塞尔维亚国旗的车队，是为了参加星期日当天于萨拉热窝市中心举办的婚礼而前来的一群塞尔维亚人。他们公然地表现出了拒绝承认波黑独立、试图加入“大塞尔维亚”的意图。

一名波什尼亚克男子用赤裸裸的暴力回应了这一挑衅。这是一名原本从属于犯罪组织、有前科的人，当时他带着枪。

这名男子向参加婚礼的人开了一枪，死者恰是新郎的父亲。

这个枪声象征着萨拉热窝再次被卷入战火。

许多塞尔维亚人认为发生在 1992 年 3 月 1 日的这一事件是波黑内战爆发的导火索。在塞尔维亚国内，人们将这位死在婚礼上的塞族新郎父亲视为“内战第一名牺牲者”。

3 月 1 日，塞尔维亚人开始在市内的部分区域修筑街垒。

尼哈德·克雷舍布里亚科维奇还看见了一些蒙面男子。“那天晚上睡觉前，我还希望一个晚上过去这一切都结束掉。”

这个愿望，没有实现。

在全民公投中获得压倒性多数支持后，波黑宣布独立。而抵制这一公投的塞族势力于 4 月 7 日作为回应，宣布成立“塞族共和国”。

围城中的萨拉热窝

1992 年 4 月 6 日，塞族武装同南斯拉夫人民军包围了萨拉热窝，并对萨拉热窝展开炮击。南斯拉夫人民军虽然是联邦的军队，但是实际上主要由塞尔维亚人组成。

萨拉热窝被围攻期间受损的建筑

同时在外交的世界，同一天，即4月6日，欧共体诸国承认了于上个月宣布独立的波黑，美国也于翌日承认了波黑的独立。

但是波黑在同不承认其独立的塞族势力之间，可以说已经真正开始了内战。

尼哈德·克雷舍布里亚科维奇在4月中旬，于萨拉热窝市中心，首次目睹了狙击手对行人的射杀。

但是，尼哈德·克雷舍布里亚科维奇回忆道，前一个月起萨拉热窝就被暴力的风暴笼罩，“看着人们死去的情景，已经感到麻木了”。

当时的塞族势力直接指挥着南斯拉夫人民军的士兵，使用南斯拉夫人民军的武器。对此，当时大半由波什尼亚克人构成的波黑政府宣布进入紧急状态，发布动员令，整军备战。

但是，据尼哈德·克雷舍布里亚科维奇说，当时波黑本国的军事装备严重不足，“持有能用的武器的人只有警察的特种部队和犯罪团伙”。

几乎一无所有、紧急组织起来的波黑政府军同“塞族共和国”军队的实力对比悬殊。

塞尔维亚人明显占据优势。因此他们对萨拉热窝的包围圈于4月下旬迅速收紧。

当时“塞族共和国”的总统是拉多万·卡拉季奇。之后经历了一系列事态变化，2015年，他被荷兰海牙的联合国前南斯拉夫问题国际刑事法庭(ICTY)以“反人类罪”等罪名起诉，尚被羁押，正等待判决下达①。沿着他的履历追溯，如前文所介绍，他过去曾是一名精神科医生，同时还是一名业余诗人。

尼哈德·克雷舍布里亚科维奇曾读过卡拉季奇进入政坛前所出版的诗集。据他称，卡拉季奇的诗中有很多充满对“城市”的憎恨的内容，许多形容“荒野的战士”击败邪恶的城市居民这样的词汇。

卡拉季奇出生于黑山，为了学习医学而来到了萨拉热窝。从萨拉热窝大学医学院毕业后，来到一家医院出任精神科医生。卡拉季奇的职业生涯并不顺利，在1985年时，他曾因诈骗罪被判处三年监禁。卡拉季奇将自己的境遇，归责于萨拉热窝所象征的“城市”对他的不公待遇。

在他的诗作中，他将自己代入塞族主人公身上，与传说中的流浪在荒野中的塞尔维亚战士这一主人公一起，向城市复仇，卡拉季奇也许就是通过这样一种幻想，来获得精神上的宣泄。

进入20世纪90年代后，随着波黑宣布独立，担任塞族势力政治领导人的卡拉季奇将他曾对萨拉热窝所抱有的憎恶的念头反映到现实中的军事行动上来。

卡拉季奇等领导人催促居住在萨拉热窝的塞尔维亚人搬到农村地区。而不遵从这一命令的塞尔维亚人将会被视为“背叛

---

① 译者注：2016年3月24日，卡拉季奇被联合国前南斯拉夫问题国际刑事法庭认定在1992年至1995年波黑战争期间犯下“种族灭绝罪行”和“其他战争罪行”，判处40年监禁。

者”，不仅会受到孤立，甚至还有可能被视为障碍而被铲除。1992 年 3 月到 4 月间，据称有 10 万塞尔维亚人离开了萨拉热窝。尼哈德·克雷舍布里亚科维奇回忆道：“若是当初他们选择留在萨拉热窝，也许战争就不会发生。”卡拉季奇的目标是灭绝除塞尔维亚人之外的其他民族，因此若是城市中的大半塞尔维亚人都选择了离开，卡拉季奇也就能更容易地实施他的计划。

造成悲剧的地形

到 1992 年 4 月，南斯拉夫人民军同塞族武装已经包围了东西流向的米里雅茨河两岸狭长盆地中的萨拉热窝市区，并在高地上部署士兵。水库、发电厂、机场的战略要点也一个接一个被塞族武装控制。

从 1992 年 5 月萨拉热窝被完全包围，到内战结束为止，三年多的时间里，这座城市的居民都只能在包围下挣扎求生。

在塞族势力完成对萨拉热窝包围的 1992 年 5 月 2 日，塞族武装的后盾——南斯拉夫人民军派出了两辆坦克进入市区，试图以米里雅茨河南岸的新城区中，塞族实力已经掌控的最前线格鲁巴维察地区为突破口，一鼓作气拿下这座城市。

尼哈德·克雷舍布里亚科维奇曾有一次被卷入了与塞族势力的激烈战斗中，当时他甚至以为自己会死在那里。

那天，尼哈德·克雷舍布里亚科维奇去市内的一家为残障儿童服务的医院做志愿者。那座医院的大楼上挂着红十字旗。

根据国际人道主义法，这座医院是交战双方不能进攻的对象，但是进攻还是开始了，似乎进攻方完全没做任何考虑，医院被完全破坏。尼哈德·克雷舍布里亚科维奇逃至医院的地下掩体才得以大难不死。

萨拉热窝的地形，使围城战的悲剧性进一步扩大。

八年前，冬奥会主办城市萨拉热窝在位于平坦的盆地的市区中设置了滑冰等项目的运动场，而在距市区十分近的周围山区里设置了跳台滑雪、高山滑雪等项目的运动场，两处运动场距离十分近，布置紧凑，这是当时的一大亮点。

但是在塞族势力围城时，这个曾经为冬奥会举办带来便利的市区环山的地形，却成为一个陷市民于苦海的巨大缺点。

战争中被破坏的奥林匹克标志

从四周丘陵包围萨拉热窝的塞族势力虽然最终没能攻陷整座城市，但是从 1992 年 5 月开始，塞族武装不仅对波黑政府军部队等军事目标，还每天对居民主要由波什尼亚克人构成的萨拉热窝市倾泻数千发枪弹、炮弹。

曾举办萨拉热窝冬奥会闭幕式的奥运滑冰场于 1992 年 5 月 25 日受到塞族势力炮击，并被完全烧毁。

同是奥运会场的位于城市周围山上能够俯瞰萨拉热窝城区的雪橇比赛场地的赛道，因为塞族炮兵阵地就部署在周围不远处，也毁于之后的战斗。

奥运滑冰场在内战过后得到了重建，但是雪橇比赛场地至今仍未修复，仍是一副饱受战火摧残的景象。

新南联盟的形成

在这样的背景下，因为联邦的分裂已经成为既成事实，塞尔维亚主导的南斯拉夫社会主义联邦共和国将“社会主义”从名字中删去，于 1992 年 4 月宣布建立新的联邦国家——南斯拉夫联盟共和国。当时有人称其为“新南斯拉夫”，也有人从王国时代算起，称其是“第三南斯拉夫”。

虽然是一个联邦国家，但是铁托时代南斯拉夫的六个加盟共和国中，宣布独立的已经有克罗地亚、斯洛文尼亚、波黑以及 1991 年 9 月独立的马其顿这四个国家。

构成联邦的加盟共和国，只剩下了塞尔维亚和黑山。并且黑山只是一个人口约60万的小国，宗教、文化、民族等方面都与塞尔维亚极为接近。

这个新的联邦国家，实际上已经完全由塞尔维亚主导了。

而控制塞尔维亚政治、独揽大权的人正是塞尔维亚总统米洛舍维奇。当时，卡拉季奇所领导的波黑塞族共和国期望与塞尔维亚"母国"合并。

塞尔维亚总统米洛舍维奇和波黑塞族共和国的卡拉季奇这两位领导人的性格相差极大。米洛舍维奇是技术官僚出身，而前精神科医生兼诗人的卡拉季奇则喜欢在公众场合玩弄各种言辞。可能也有这一性格不同的原因，外界普遍认为这两名领导人的个人关系不是很好。即便如此，整体来看，波黑塞族共和国的行为很多时候还是强烈反映着塞尔维亚的意志。

随着新的南联盟的建立，原本的南斯拉夫人民军也在1992年5月下旬将名称改为了南斯拉夫军(VJ)。

同时部署在波黑各地的南斯拉夫人民军部队，也先后表面上撤离了波黑。但是实际上，前南斯拉夫人民军的很多军官，直接加入了波黑塞族武装势力。塞族共和国军队的司令官就是曾作为南斯拉夫人民军军官参加克罗地亚内战的拉特科·姆拉迪奇。拉特科·姆拉迪奇是之后同塞族共和国总统卡拉季奇一起被联合国前南斯拉夫问题国际刑事法庭起诉的战争罪嫌疑人，并且曾长期潜逃。2011年5月在塞尔维亚被逮捕，并被移交。

在2015年时，仍然处于一审的审理过程中。①

波黑的克罗地亚民族主义势力也创建了自己的武装组织——“克罗地亚防卫委员会”(HVO)。克罗地亚共和国的军队在背后支持着这一组织。他们不仅同塞族共和国军队作战，也同以波什尼亚克人为主体的波黑军队产生冲突。

波什尼亚克族、塞尔维亚族、克罗地亚族各民族势力之间政治上的三足鼎立之势，也反映到了内战中的军事形势上。

① 译者注：2017年11月22日，拉特科·姆拉迪奇被联合国前南斯拉夫问题国际刑事法庭判处无期徒刑。

第五章

胶着之中

和平外交艰难前行

波黑内战共持续了三年半以上，造成20万人死亡，死亡者中约有40%是死于第一年的战火。到1993年之后，战局基本没有较大的变动，虽然激烈的战斗仍在持续，但是战线基本稳定了下来。

在这样的背景下，联合国、欧共体的特使们积极地从事和平调停等外交活动。当时出现了很多类似将波黑分为十个部分或是依民族分为三个部分然后组成联邦这样的提案。

和平外交艰难前行的背景，是因为各民族势力以及民族势力背后的塞尔维亚、克罗地亚复杂交错的利害关系，很难找到一个能够让所有势力都满意的解决办法。

但是，这并不是造成内战绵延持久的唯一原因。

如果要暂且实现停战，那么包括波黑主席团主席伊泽特贝戈维奇在内，当初波什尼亚克人主流派所谋求建立的中央集权的波黑国家这个想法就会变得不现实。

因为当时波黑国内各地，各民族主义势力实际上正实施着割据统治。只有通过一种各方都做出一定让步的、能够保持各势力间微妙平衡的分权性的提案，才能实现和平。这样就必须承认国内的民族聚居现状，毕竟想要跳过这一步，直接实现全国各民族和谐共处的理想已经是不可能的了。

但是站在各民族主义势力的立场上来看，他们必须尽可能扩大自己民族占压倒性多数的控制区，保护自己的既得利益。

因为各势力也清楚，战争不会永远持续下去，和平迟早会到来。因此，各民族主义势力加紧步伐在各自的统治区进行“种族清洗”，形成了一种讽刺的恶性循环。

此外，国际社会的想法也没有取得一致。当初主张和平外交的联合国同欧共体，以及 1993 年 11 月之后由欧共体发展而来的欧盟(EU)的主要国家英、法、德之间也存在着分歧。

同时，冷战结束后唯一的超级大国美国以及美国主导的军事同盟北大西洋公约组织的参与，让事态进一步复杂化。北约在后期，通过空袭的形式实际上军事介入了波黑内战。而因为北约的行为，担心自身大国地位受到威胁的俄罗斯，也对外交交涉产生了微妙的影响。

和平外交艰难前行的同时，内战局势并没有发生太大变化。萨拉热窝之围仍未解决。

而围城中的萨拉热窝市民又经历着怎样的生活呢？

围城中的生活

“塞族势力的目标，就是破坏市民的生活。”波什尼亚克人尼哈德·克雷舍布里亚科维奇这样说道。他举出了医院、妇产科医院、送葬的队伍等例子，这些对人们日常生活不可或缺的部分都受到了塞尔维亚人的攻击。

1992 年 5 月，围困萨拉热窝市区的塞族军队完成了他们的包围圈，尼哈德·克雷舍布里亚科维奇称从这一天开始，他几乎没有关于特定的某一天的记忆。

“在战争中，对时间的感觉是没有意义的，只有昼夜更替而已。”

因为塞族势力控制了城外的变电站、水库等设施并切断了供应，所以当时的萨拉热窝没有电，没有水，也没有天然气。事后回忆起来，“第一年（1992 年到 1993 年）的冬天最难熬”，尼哈德·克雷舍布里亚科维奇的脑海中还留有这样的记忆。

当时的克雷舍布里亚科维奇还是一名大学生。如果是在一个和平的国家，这正是讴歌青春的年纪，但是在这种能不能活过今天都不确定的情况下，他有的只是不断加深的烦恼。

当时他仍然想办法尽可能参加学校的课程，并且同他的双

1993年冬季收集树枝作为燃料的萨拉热窝市民

胞胎兄弟塞亚德互相调侃“我们都选了个很蠢的专业”。克雷舍布里亚科维奇选择了和祖父、父亲相同的历史学，但是在这种甚至让人麻痹到感觉不到时间流动的战时，他开始怀疑历史学到底有什么意义。塞亚德的专业是法律，但是当时每天都有无数人因为荒谬的原因死去，让塞亚德根本感受不到一丝正义的存在，因此也开始怀疑自己的专业是否真的有意义。

生命线——地下隧道

萨拉热窝国际机场位于东西狭长的萨拉热窝市区的西南方。内战中，飞往萨拉热窝的民航线路全部中断，只有联合国的飞机在这里起降。因此机场本身也被置于联合国保护部队（UNPROFOR）的控制下，而在机场跑道外侧不远，就是塞族势力包围圈的最前线。

在一些区域，交战双方势力的控制区犬牙交错，在机场跑道的南方，就有一处并不孤立的波黑共和国军的控制区。为了打通这样的“解放区”同被包围的市区之间的联系，波什尼亚克人的波黑共和国军使用了一种仿佛是电影里的战术。

当时他们从机场北方的被包围地区同机场南方的解放区两侧同时开始挖掘地下通道，跑道的下方建立了一个秘密的隧道。

当时他们以矿业工程师为核心，组成了昼夜轮换班组，24小时不停挖掘，花费4个月，于1993年7月挖通了隧道。最深处大约位于地下5米，全长800米左右。

军备上处于劣势的波黑共和国军通过这条隧道，为市内的部队运送了武器。不仅如此，还有大量的食品、药品等人道主义救援物资也通过这条隧道被送到了市内。从隧道建成到内战结束的两年半时间里，总计有200万以上人次从这个隧道中通行。不仅仅是波黑共和国军的士兵、联合国的维和部队，还有数十万市民也使用了这条隧道。可以说这是一条生命线。

但是后来这条隧道被塞族军队发觉，它的出入口受到了攻击。1995年5月时，隧道南口附近受到迫击炮炮击，至少造成了8人死亡。

这条隧道在内战结束后终止了它的使命，大部分被重新填埋，只有南侧位于一家民居院子中伪装起来的隧道口部分，作

内战时运送物资的隧道如今改造成了战争隧道博物馆

为讲述萨拉热窝围城历史的博物馆，至今仍被保留，并且成了一个小有名气的旅游目的地，每天都有很多游客和学校的师生前来参观。

这条隧道最宽处也仅有 1 米左右，只够一人勉强通行。隧道中还遗留着当时运送物资的矿车的轨道。

博物馆的讲解员是爱迪斯·克拉尔，也是这家民居的主人。“当时，只想不管怎样，做些自己能做的事情。”爱迪斯·克拉尔这样回忆道。

生活在包围圈里的萨拉热窝的人们，即使在所有生活基础设施都被破坏的情况下，仍然想尽一切办法，努力求生。在参观了这间博物馆后，我对他们的坚强有了更深的体会。

通过艺术进行反抗

包围圈中的年轻人又怀抱着怎样的思想呢?

尼哈德·克雷舍布里亚科维奇讲述了这样一个故事。当时,一个朋友 8 岁的妹妹因为塞族军队的攻击而丧生。所以大家聚集在一个黑暗的房间里,全都因为这件事的冲击而保持着沉默。突然,电来了,灯光照亮房间的瞬间,在场的所有人都像是中了邪似的开始跳舞。“在那场战争中,想要保持内心不崩溃,就必须将精力全部集中在眼前的事情上。”

1993 年 9 月,尼哈德·克雷舍布里亚科维奇和双胞胎兄弟塞亚德一起加入了消防队。当时萨拉热窝市一年中发生的火灾次数相当于整个欧洲一年所发生的火灾次数,萨拉热窝消防队必须四处奔波应对这些火灾。多数火灾是因炮击引起的,同时因为没有供电,市民们必须烧柴取暖,所以也有不少火灾是因室内生火造成的意外。

尼哈德·克雷舍布里亚科维奇知道与他相交颇深的一些专业消防员,在他们坚强的外表下都有着一颗温暖的心,尼哈德·克雷舍布里亚科维奇被他们的人格魅力所吸引。尼哈德·克雷舍布里亚科维奇同塞亚德两人带着摄像机拍摄了萨拉热窝各处的风景,并在战后制作了一部名为《你还记得萨拉热窝吗》的电影。

“战争在尽显人性黑暗面的同时,也让人们展现出了光明的一面。”尼哈德·克雷舍布里亚科维奇这样说道。

“在战争中，人只能以‘我们’这样一种复数形式存在，很难独善其身。在这种时候，是艺术拯救了我。这让我痛感文化和艺术对人类的生存来说是不可或缺的要素。”

在这段时期，欧美众多的知识分子都采取行动，对围城中的萨拉热窝进行了支援。

美国作家苏珊·桑塔格(1933—2004)在1993年春天到夏天这段时间里多次造访萨拉热窝，并导演了贝克特的现代戏剧《等待戈多》。克雷舍布里亚科维奇作为当地的青年演艺界人士，当时担任了苏珊·桑塔格的接待工作。克雷舍布里亚科维奇的父亲、萨拉热窝市市长穆罕默德向苏珊·桑塔格赠予了名誉市民的称号。

苏珊·桑塔格描述萨拉热窝的那句话“这座城市以一次战争宣告了20世纪的开始，又以一次战争为20世纪落下帷幕”，因为充分表现了萨拉热窝的悲剧性而在国际社会中广为人知。

英国女演员范尼莎·雷德格雷夫也来到了萨拉热窝。在克雷舍布里亚科维奇为她安排好演讲场所后，许多市民都克服重重困难聚集到了这里。

在围城时期，电力、天然气、通信手段等基础设施被破坏殆尽，而这种对文化活动的坚持，是试图保持人类尊严的最后的抵抗。

“在萨拉热窝，不少人印象最深刻的聚会都是在内战期间举行的聚会。”克雷舍布里亚科维奇这样说道。

同敌人进行的奇妙交流

被周围人都认为是克罗地亚人的“欧洲人”、前地方报记者兹德拉夫科·拉塔尔所居住的16层的高层公寓因为受到炮击而损毁，电梯、暖气这些文明设施全部停摆。

因为拉塔尔的母亲是意大利裔，所以妻子和二儿子都逃往了意大利，拉塔尔则同在美联社从事记者工作的大儿子一起留在萨拉热窝。

当时最困难的是自来水停止供应。所以需要在供水车开过来时，提着40升的大桶去打水，再提到他所居住的16层楼上。

在严冬时，室内最低温度可达零下20摄氏度，在这样的条件下生活3年后，拉塔尔的体重从战前的80公斤降至战后的55公斤。战后，回到萨拉热窝的妻子吃惊地对拉塔尔说：“我之前从没发现你的耳朵原来这么大。”极度的消瘦让拉塔尔的面部轮廓都看起来不一样了。

当时拉塔尔签约成为斯洛文尼亚一家报社的记者，想方设法将关于战况和围城中的生活等方面的信息传递出去。虽然战前拉塔尔有过担任萨拉热窝地方报纸经济记者的经验，但是在战时根本没有什么值得报道的经济新闻，所以拉塔尔就将自己的见闻写成稿子。

但是当时不仅没有电话，连电都不通了，如何将稿件发出呢？原来拉塔尔是这样将自己整理好的原稿送出去的。

首先从联合国那里领取自家发电用的燃料供应，然后下午三点出发，前往勉强还有供电的萨拉热窝市内的电视台。

在那里，使用业余无线电设备，通过事先确定好的频率，将信息发送给等候在斯洛文尼亚首都卢布尔雅那的电视台的业余无线电爱好者。再由他们将拉塔尔的原稿转交给等候已久的报社，报社再将其整理报道。

拉塔尔还记得他同围城一方的塞尔维亚人之间进行的一次奇妙的“交流”。

一天，拉塔尔像往常一样，将一封反映萨拉热窝现状的原稿送出去之后，卢布尔雅那的接收方调侃说：“刚好送来一份带芥末的热狗和冰镇啤酒，你要不要也来一份？”

通过业余无线电台发送报道时，经常会受到围城方的塞尔维亚人的电磁干扰。但是，这次塞尔维亚人却做出了不同的反应。

一个从来没有听过的第三者的声音，突然插入拉塔尔和卢布尔雅那的通信之中。

“你也知道这个家伙是饿着肚子的，别捉弄他。”

这应该就是一直以来监听着拉塔尔的通信并且有时进行干扰的塞族军队中的某人。也许是因为那名士兵和拉塔尔一样，都身处一个没有“热狗和冰镇啤酒”供应的地方，所以忍不住说出了那句话吧。

这让拉塔尔感受到“敌方”也有活生生的人的存在。

1993 年春天，复活节的晚上，拉塔尔所居住的高层公寓第三次遭受炮击。

“内战前旁边房间的住户经营着一家汽车修理厂，有一个塞尔维亚年轻人在那边见习过，据说这天晚上就是这个年轻人喝醉了，朝着这个前老板居住的公寓开的炮。”

拉塔尔是如何在内战正酣之际获得这样的信息的？或许是从朋友到朋友，口信的传播能力超越了包围圈的壁垒。

守护生活

拉塔尔说，内战期间，在“吃”的方面，他为数不多的乐趣是在开水中加入面粉、食用油、盐和大蒜粉做一份粗糙而美味的“汤”。他还在公寓的阳台上种红辣椒，作为自己的食物供给。

即使在极端情况下，他们仍然想方设法地维持着日常生活，艰难求生。拉塔尔的表亲——犹太女性里耶卡·拉塔尔·达农也专注于此。

在社会主义时代，达农在大学中学习园艺农业，曾赴荷兰留学。内战爆发后，达农制作了关于如何在阳台种植蔬菜的小册子，分发给在包围圈中煎熬的人们。

在萨拉热窝的黑市中，一千克砂糖价值 100 德国马克（根据其和现在的欧元的汇率，再换算成日元相当于约 7000 日元①），

① 译者注：相当于 421 元人民币。

可以说是高不可攀。

同时人们也互相交换着用手边的东西就能烹饪的菜式的菜谱。达农有一道拿手的蛋糕，就是用美国援助物资中的曲奇饼干制作的。

一次，一名美国女记者来到达农家里进行采访。这名记者发现“这个曲奇饼干是20世纪70年代越南战争时的援助物资”，因而不愿意品尝达农辛苦制作的拿手料理。

据达农回忆，对她来说最艰难的时期也是内战第一年，1992年末到1993年初的冬天，“睡觉时都得穿着滑雪服”。

克罗地亚人律师姆拉登·施坦的家，因为炮击所有窗户玻璃都被震碎了，“那年冬天，平均气温降到了零下7摄氏度。在这样的房间里，要换一件衣服都必须做好心理准备”。

在这艰难的生活环境中，达农和周围的人们在为躲避炮击聚集在地下室时，互相这样说道：“大家互相合作、群策群力，总算能够保持正常的生活。”在这样的生活环境下，人们彼此之间的互相扶持“反而是一种愉快的回忆”，达农这样说道。

第六章

塞尔维亚人即是“恶”吗?

因“集中营”而备受谴责

波黑内战的一个特征就是三方交战势力都很重视公关战略，重视“会受到媒体怎样的报道”，这一点也很大地影响到了三个势力所采取的立场。

每天的报纸、电视报道等也在一定程度上成为宣传战的战场。媒体成为另一个战场。

欧美媒体中的很多报道都是基于“三个势力中的塞族势力是万恶之源”这样一种基调，在对内战的相关报道中单方面地谴责塞尔维亚人一方。

这一方面是因为在武器装备等方面处于劣势的波黑政府积

极地利用美国的公关行业等，宣传自身的困难，在媒体这一宣传战线的舞台上打出了攻势；另一方面也是因为萨拉热窝之围，这一因为国际社会缺乏关心而造成的悲剧很容易吸引人们的眼球。

确实，塞族势力做出了很多不能无视的不人道行为。

但是也有极少数塞尔维亚人没有遵循塞族领袖要求他们撤离萨拉热窝的半强制命令，选择留在萨拉热窝同其他的波什尼亚克人和克罗地亚人共同承受苦难。

而且不可否认，这种单方面的“塞族恶人论”报道频出，也让众多塞尔维亚人产生了“我们被歪曲、被攻击为恶人”这样的受害者意识，使得事态进一步恶化。

事实的真相又是怎样的呢?

内战初期的1992年里，激战中发生的最典型的不人道事件，就是塞族势力在波黑北部城市普里耶多尔附近所采取的行动。

当时塞族武装将当地的波什尼亚克人集体拘押，以“俘虏”的名义将他们关押在附近的奥马尔斯卡(Omarska)和克拉特尔姆(Keraterm)的营地中。在此过程中发生了拷打、强奸，还有许多时候甚至是屠杀这样的行为。虽然名义上是“俘虏”，但是其中大部分人都不是战斗人员，也没有犯下任何罪名。他们仅仅因为自己是波什尼亚克人这一民族出身的原因而被关押。这些营地实际上就是集中营。

1992年8月，有多家英国媒体成功在此取材，并进行了特别报道。上半身赤裸、处在恶劣的环境下、消瘦到肋骨清晰可见的被关押的波什尼亚克人的富有冲击性的影像流出，为国际社会所知。人们普遍认为这里收押了数千到1万名左右的波什尼亚克人。

甚至出现了将塞尔维亚人在奥马尔斯卡的不人道行为比作纳粹德国在奥斯威辛对犹太人的大屠杀这样的说法。虽然从规模上来看，两者相距甚远，但是影像带来的冲击是十分有力的。许多在报道中看到“皮包骨头的被收押者”这样的图片的人，都不由自主地想起了第二次世界大战。

从军事的角度来看，塞族势力在内战初期最占优势时曾控制了波黑国土总面积约70%的地方。但是因为萨拉热窝之围以及奥马尔斯卡这样的集中营被报道出来，国际社会，特别是欧美各国对塞族势力的看法也越来越不友善。

自那以后，整个内战期间，塞族势力在宣传战线上都处于劣势。

从炮击市场事件到北约空袭

1994年2月5日，萨拉热窝市中心，靠近旧城区的露天市场遭到炮击，导致了近70人死亡的惨剧。包围了山间盆地中的萨拉热窝城区、在周围高地部署着军队的塞族势力成为这次袭击的第一嫌疑人。

真相至今仍然不明，但从开始便一直有人怀疑这是波黑政

战争中被损毁的建筑

府军自导自演的戏码。

即便如此，欧美舆论因沉浸于“塞族恶人论”已久，风向开始转向支持以美国为首的北约各国的军事介入。

北约对塞族武装下达了最后通牒，如果不撤走部署在萨拉热窝周围的重型武器，就将发动空袭。塞族势力接受了这一最后通牒，将一部分重武器移交给了联合国保护部队(UNPROFOR)，暂时逃过了北约的空袭。

但是同年 4 月，危机再次被点燃。

当时塞族武装包围了波黑东部城市戈拉日代，这座城市是联合国安理会设定的“安全地带”。这一行为，是这次危机的导火索。

北约在联合国的请求下，开始了空袭作战。对北约来说，这是其自1949年冷战时作为对抗苏联的军事同盟成立以来，首次对地攻击。

外交方面，自上一年1993年年末起，由联合国秘书长特别代表、日本人明石康负责前南斯拉夫问题。

明石原本是土生土长的联合国职员，之后有一段时间曾被日本外务省借调走，担任日本驻联合国大使、公使，之后又回到联合国担任负责裁军事务的副秘书长，曾担任柬埔寨过渡时期联合国权力机构(UNTAC)的首席负责人。

明石代表重视联合国的中立性，因此对波黑政府、波什尼亚克人势力所要求的由北约来实施空袭这一要求，轻易不愿意点头。因此明石代表往往被视为“亲塞尔维亚”，在不久后的欧美众多媒体的报道中，成为被抨击的对象。

“平庸之恶”

对于在军事力量上处于劣势的波黑政府来说，利用国际媒体上的“塞族恶人论”，帮助自身在舆论战线上取得优势是一个现实的战略。

因为塞族武装确实在萨拉热窝之围、集中营中做出了诸多非人道行为，同时进驻萨拉热窝的诸多欧美记者同情弱者的感情也发挥了一定的作用。①

在这样的背景下，欧美媒体的报道倾向导致很多塞尔维亚人产生了受害者情绪。

我第一次来波黑采访，是内战结束两年后的 1997 年，当时我仍能感受到这一情绪的存在。和我交谈过的塞尔维亚人中的多数，都对当时只有本民族的屠杀、强奸等不人道行为被描述为“种族清洗”感到不满。“我们塞尔维亚人也是受害者。”他们诉说道。

但是，萨拉热窝围城时塞族武装造成的 1.2 万名的牺牲者和奥马尔斯卡等地发生的屠杀和强奸也是不容否认的事实。这些对于过去理解上的差异，在今天仍是阻碍和解的障碍。

萨拉热窝以东 10 千米有一座小城帕莱，在围城期间，这座小城对萨拉热窝来说是“另一边的”。在波黑国内割据、宣布独立的“塞族共和国”便是将以帕莱为中心的“东萨拉热窝”作为首都。

塞族共和国所设定的“国界线”在内战后，也几乎完全保留为“加盟国”的准国家国界线。即使到了内战结束后的 1997 年，萨拉热窝的波什尼亚克人也绝不愿意踏足近在眼前的帕莱一步。

---

① 波黑政府为了弥补在军事方面的劣势，在宣传战上下功夫，通过美国的一些公关公司来宣传自身围城下的困境，这一点高木徹在《ドキュメント 戦争広告代理店》(讲谈社文库，2005 年出版) 一书中有着详细的记述。

即使是内战结束20年后的今天，从围城中的萨拉热窝幸存下来的波什尼亚克人尼哈德·克雷舍布里亚科维奇仍然说："即使是现在，我也绝不会在晚上开车经过帕莱。因为我会担心万一在那里抛锚了该怎么办？周围的塞尔维亚人会帮助我吗？虽然我知道他们大多数应该都是好人，但是我总是会回忆起包围萨拉热窝的那帮塞族人。"

听了他的话，我想起了1997年时曾见过的一个人。那是一名塞尔维亚族男性，在内战时担任警察干部，据称曾在波黑北部的普里耶多尔负责集中营的工作并指挥了屠杀。

还有一名曾在普里耶多尔担任警察署长的塞尔维亚族男性，今年夏天时，因受到前南斯拉夫问题国际刑事法庭（ICTY）的起诉，北约军队前去逮捕，而他在拒捕时被射杀。

我曾见过的那名男性，平时不会出现在公共场合，过着仿佛是隐居一般的日子，只是听说是日本的记者要采访，才答应了配合我的采访。

我本以为会是一名看上去很强硬的人物，但是他却出奇地和蔼，不断地询问我"喝点咖啡吧？""要来点Rakija（一种白兰地）吗？"

这名塞尔维亚族男性有时会悲伤地回忆道："内战开始前，我儿子的女朋友也是一个波什尼亚克人"，"我过去是想帮助波什尼亚克人的"，完全否认了自身的嫌疑，但是涉及具体的细节，却又不愿意谈起，因此看上去像是在找借口。不过他完全没有我听到"指挥了屠杀"这个词后所想象的那种怪物般的形象。

但是即便是这样的“普通人”，在涌动的民族主义浪潮中，不仅无法阻止针对其他民族的不人道行为，反而有可能会成为这种行为的急先锋。这一点反而令人感到恐惧。

“平庸之恶”——非常普通的人们，拒绝思考，通过一些十分肤浅的行为方式，做出十分恐怖的不人道行为。政治哲学家汉娜·阿伦特在旁听了纳粹德国屠杀犹太人的核心人物艾希曼的审判后，所指出的这一问题的本质，我认为也适用于这名塞尔维亚族男子。

并不是说塞尔维亚人全体都是“恶”的。但是处在内战时期，“我们”和“那帮人”这种思考方式盛行时，想要逆流而动并不是一件容易的事情。

被同胞攻击的塞尔维亚族教授

稍微向前追溯一段时间。

1992 年春，波黑内战萨拉热窝之围开始前，塞族势力领导人曾做出要求本民族人员撤离萨拉热窝的指示。很多塞尔维亚人都遵循这一命令离开了萨拉热窝。

塞族共和国总统拉多万·卡拉季奇等领导人，为增加民众的恐惧，称一旦波什尼亚克人这帮穆斯林掌握了主导权，国家就会被宗教激进主义所支配，而在其统治之下的塞尔维亚人也势必会被迫害。因此有很多萨拉热窝的塞尔维亚人相信了这样的宣传，离开了萨拉热窝，同时也有很多人是被迫地选择了离开。

但是也有一些不服从这一命令的塞尔维亚族少数派。

萨拉热窝大学原生物学教授柳博米尔·贝尔贝洛维奇就是其中之一。

他为何选择留下？

“因为我还相信着‘兄弟情和统一’。”柳博米尔·贝尔贝洛维奇这样说。这句话是社会主义南斯拉夫时代提倡多民族共存的一句宣传口号。同时，也有一部分原因是因为他的夫人是一名克罗地亚人。

“但是，留在萨拉热窝绝不是一个令人愉快的选择。”

对于围城的塞尔维亚人来说，柳博米尔·贝尔贝洛维奇这样的塞族人无异于是追随波什尼亚克人的背叛者，因此对他们大加指责——不仅仅是语言上的非难，有时还会被逮捕甚至有性命之忧。

留在萨拉热窝的塞尔维亚人被塞族共和国一方称为“阿利雅的塞尔维亚人”，即侮辱性地将他们视作是波什尼亚克人的波黑政府主席团主席阿利雅·伊泽特贝戈维奇的宠物般的存在。

据说这样的塞尔维亚人“有数千人”。围城时留在萨拉热窝的塞尔维亚人建立了一个“塞尔维亚人恳谈协商会”，贝尔贝洛维奇担任着会长。

但是，在内战后期贝尔贝洛维奇却遭遇了非常残酷的命运。

1995 年 4 月 5 日，内战开始后的第三年，贝尔贝洛维奇正沿着萨拉热窝新城区的东西向大街上行走，右腿突然被狙击手击中。

这附近因为靠近萨拉热窝包围圈的最前线，经常有塞族狙击手进行攻击，因此这一带又被称为“狙击手大街”。

贝尔贝洛维奇给我看了一份1995年4月6日报道他被攻击的带照片的报纸剪报。这是阿联酋（UAE）的《海湾新闻报》，是事件发生后，一名看到了这一新闻的中东友人寄来的。

子弹击穿了贝尔贝洛维奇的右腿，留在了他的左腿中。幸运的是赶到现场的联合国维和部队的法国士兵及时地采取了急救措施，贝尔贝洛维奇虽没有生命危险。但是从此之后，腿脚变得不太灵活。

塞族狙击手攻击塞族学者这样讽刺的事件，可以说是内战时期矛盾的国内情况的一种体现。

像柳博米尔·贝尔贝洛维奇这样的留在萨拉热窝的塞尔维亚人虽然是少数，但是考虑到他们的存在，我们就不能仅仅将波黑内战按照原有观念理解为单纯的“民族纷争”。

塞尔维亚人也遭到了屠杀

特意选择留在被塞族势力包围的萨拉热窝城中的塞族人——像柳博米尔·贝尔贝洛维奇一样的还有数千人。

基本生活设施被破坏、极度缺乏生活必需品，这种生活上面的艰难，他们同其他波什尼亚克人、克罗地亚人都一样。

不仅如此，有时他们还会仅仅因为是塞尔维亚血统就被关押甚至被处决。

当然，对大部分的市民来说，他们并不会将留在自己身边的塞族邻居们和包围圈外发起进攻的塞族武装势力混为一谈。

柳博米尔·贝尔贝洛维奇就是一个例子，当时他逃离了位于最前线的新城区的高层公寓，逃到旧城区，接受克族妻子娘家人的庇护。“当时大家只能互相帮助，没有人会因为民族不同而进行区别对待。”柳博米尔·贝尔贝洛维奇这样回忆道。

但是，处于劣势的以波什尼亚克人为主体构成的波黑政府军、警察中，确实带着报复的心理，对塞尔维亚人做出非常残暴的行为。

克罗地亚族律师姆拉登·施坦，波黑政府于 1992 年开战后设立的战争犯罪调查委员会的负责人，在内战期间，调查屠杀、强奸等行为。

姆拉登·施坦的父亲在第二次世界大战期间，没有趋炎附势于统治萨拉热窝的克罗地亚民族主义组织，而在战后也不受铁托的待见。因此出身于这样一个家庭，又有法律背景的姆拉登·施坦，被人们视为一个能够站在公正中立的立场上，对战争犯罪进行记录的合适人选，被选为这一委员会的负责人。“谁都不会来插手我的工作。”

姆拉登·施坦说：“最多的案件当然还是塞尔维亚人对波什尼亚克人和克罗地亚人犯下的罪行，这一点是无法动摇的事实。”

但是，姆拉登·施坦也证实："在萨拉热窝，有大约 200 名塞尔维亚人遭到屠杀。"

与萨拉热窝全城约 12000 名死难者相比，200 人的数量可以说是少数。但是对于死难者的亲属来说，这不是人数多少的问题。如果将波什尼亚克人单方面地描绘为受害者，纵容一部分犯下不人道罪行的波什尼亚克人逃脱法律的惩罚，反而会进一步阻碍民族间的和解。

在这种民族纷争达到极致的状态下，一般社会中治安当局和犯罪者之间的泾渭分明在这里已经变得模糊不清了。

波黑于 1992 年春的全民公投后，迫不及待地宣布从南斯拉夫独立，又匆忙地开始整军备战。如尼哈德·克雷舍布里亚科维奇所回顾的那样，在内战爆发前夜，波什尼亚克人中拥有武器的，除了警察外，剩下的大多是犯罪组织成员。

比如在内战前的 1992 年 3 月，在波黑举行全民公投决定波黑是否独立、全国躁动不安之时，一帮参加婚礼的塞尔维亚族男性故意打着塞尔维亚国旗开车经过市区进行挑衅时，那名射杀了塞族新郎父亲的波什尼亚克族男子，就是犯罪组织成员。该男子在内战时期成为一名波黑政府军的军官，在内战结束后的 2007 年 6 月，被不明身份的人员枪杀。外界普遍认为此次枪杀事件与犯罪组织之间的领地斗争有关。

在内战期间，有许多这样的犯罪组织成员组成的自称"治安组织"的团伙，对塞尔维亚人实施绑架、监禁等行为。我也尝试采访了有过这样经历的塞尔维亚人。

不走运的精英

现在在萨拉热窝经营着一家本地菜餐厅的奈博伊沙·佩里奇，就是内战中特意留在萨拉热窝城内的塞尔维亚人的一员，并且仅仅因为自己是塞尔维亚人，两度被波什尼亚克人的“警官”抓进监狱。

在本次我的一系列采访过程中，奈博伊沙·佩里奇从一开始就扮演了一个非常重要的窗口角色。

奈博伊沙·佩里奇是《朝日新闻》的采访助手阿图尔·德梅克的老朋友。当我开始寻找“1914 年萨拉热窝事件时起就始终居住在萨拉热窝的家族”时，奈博伊沙·佩里奇间接地接受了我的委托，帮助我打听并向我介绍了许多萨拉热窝居民。

我实际采访的对象中，有很多都是奈博伊沙·佩里奇的朋友，或者是用奈博伊沙·佩里奇的人脉寻找到的。本书编写过程中采访的一系列对象中，之所以没有遇到狂热而固执的民族主义者，并不是偶然。奈博伊沙·佩里奇身边的大多数人，都是在与人打交道时不带有民族偏见的这类人。

奈博伊沙·佩里奇本人也在战乱中颠沛流离，因此我也仔细听了他的故事。

奈博伊沙·佩里奇的店是由一个有着浓郁绿色包裹的前院的旧民宅改建而成的，别具风情。我见到他时，他正在接待客人，看起来已经完全适应了餐厅老板这一身份。

但是奈博伊沙·佩里奇原本是一名社会主义体制下的国营企业中的干部。但是在内战中，被卷入动乱的佩里奇的人生却不太顺利。即便如此，他还是在每次陷入困境时，随机应变，让自己成功地幸存下来。在回忆过往时，奈博伊沙·佩里奇有时会露出仿佛调皮的小孩子一般的表情，有时又会闪过一个严厉的眼神。

追溯佩里奇的血脉，可以发现他的家族是一个几乎每个时代都会受到当局迫害的颇具反抗精神的家族。

第一次世界大战中，奈博伊沙·佩里奇父亲一方的祖先被塞尔维亚军队征兵，母亲一方的祖先被奥匈帝国军队征兵，同为塞尔维亚人，却不得不在战场上兵戎相见。

奈博伊沙·佩里奇的祖父出身于波黑东部的一个贫穷的农村，后来成了一名历史教师。在二战中，这名历史教师祖父曾一度受到统治波黑的克罗地亚民族主义组织乌斯塔沙的关押。祖母为了让当局释放祖父四处奔走，在制作了一份得到全体克罗地亚族和波什尼亚克族同事签字的释放请愿书后，终于让祖父获得了自由。

之后，两人的儿子，也就是奈博伊沙·佩里奇的父亲和叔叔被塞尔维亚民族主义组织切特尼克盯上，被列入敏感人物黑名单。奈博伊沙·佩里奇的父亲为了逃脱这种迫害，加入了共产主义游击队。

但是奈博伊沙·佩里奇的父亲在战后铁托领导的南斯拉夫社会主义联邦时代，又因批判执政党而被关进克罗地亚附近亚得里亚海中一座岛上的政治犯监狱中，服刑半年。

奈博伊沙·佩里奇现在所经营的这家餐馆，原本是其外祖父于一战后的1929年，南斯拉夫王国时代所开设的餐馆。而这位外祖父在1953年，也因为批判南斯拉夫推动“集体化”的社会主义体制，被关押起来，服刑半年。

但是奈博伊沙·佩里奇本人在社会主义时代没有做出什么问题举动，因此顺利地出人头地，在大学期间获得奖学金，专攻电气工程，之后进入农业、食品加工领域的大型国企工作，并成为一名管理干部。随着萨拉热窝被选为冬奥会举办地，当地获得了一笔又一笔的基础设施建设投资，那段时期经济欣欣向荣。

偷偷赠予的警徽

“但是到了1992年，随着内战的爆发，我失去了一切。”奈博伊沙·佩里奇这样回忆道。

但是奈博伊沙·佩里奇下定决心，“我绝不逃离萨拉热窝”。这一方面是因为二战期间祖父和父亲的遭遇还留在他心里，另一方面也是因为奈博伊沙·佩里奇必须照看母亲等共七位上了年纪的家人、亲戚。

在内战刚开始时，奈博伊沙·佩里奇的岳父曾在街头偶然听到两个波什尼亚克人这样的对话。

“切特尼克们（塞族势力的强硬民族主义者）不久就会打进

萨拉热窝来吧?”

“不,奈博伊沙·佩里奇还留在萨拉热窝,不用担心。”

由此可见奈博伊沙·佩里奇虽然是一名塞尔维亚人,但是周围的人们也知道他与民族主义者们相距甚远。

在内战前夜的1992年3月,奈博伊沙·佩里奇曾在农业方面投资,购入了大量的化肥。等到货物送到时,内战已经爆发,大量资金打了水漂。奈博伊沙·佩里奇的家就位于塞族势力的包围圈不远处,因此,他将这些刚购入的肥料用作沙袋堆放在家的周围,用来防弹,可以说是一种非常讽刺的用法。

奈博伊沙·佩里奇于1992年6月29日被波什尼亚克族警察逮捕。没有犯罪的嫌疑,也没有证据,仅仅因为他是塞尔维亚人这一点本身,被警方视为一个问题。

奈博伊沙·佩里奇被关进了萨拉热窝的中央监狱。但是他向另一名相识的波什尼亚克族警察提到“家中还有七位老人”。这名警察迅速为其签署了释放令,不仅如此,还偷偷地给了他一枚警徽,“带着这个可以保护你的安全”。站在“警方”的立场上,这名警察的做法并不一定合法。

奈博伊沙·佩里奇以这次事件为契机接触到了波什尼亚克族势力,之后他开始在以波什尼亚克人为主体的波黑政府内务部从事一个和计算机相关的工作。在国营企业工作期间,奈博伊沙·佩里奇曾担任计算机部门的负责人,这段经历让他得到了这个“特招”的机会。当时据说是那名将警徽赠予奈博伊沙·佩里奇的相识的警察推荐的他,当时周围的人们都质疑:“雇一个塞尔维亚人，你是不是疯了？”但是这名警官保证道：“我自己可能不能胜任，那个家伙一定能胜任这份工作。”

不过这名警察本人，后来却和犯罪组织勾结，因为涉嫌杀人被捕，后来死在了狱中。当时奈博伊沙·佩里奇为了报答这位在1992年初夏自己陷入困境时帮助自己的前警察，在他被关押时，一直为其送去食物。而这名警察本人，也因为担心被毒杀，所以从来只吃奈博伊沙·佩里奇送来的食物。

“我同他这辈子甚至都没有握过一次手，也说不上是朋友。真是一种奇怪的关系。”奈博伊沙·佩里奇这样回忆道。

五次逃脱

随着战况的恶化，奈博伊沙·佩里奇决定将妻子和两个孩子送往塞尔维亚首都贝尔格莱德避难。1992年11月26日，送走家人后回到住处的奈博伊沙·佩里奇再一次被当局逮捕。

这次奈博伊沙·佩里奇被交给了一名前黑帮成员、因虐待塞尔维亚人而臭名昭著的军官。在后来的1993年11月，难以容忍其过火行为的波黑政府的警察对其实施抓捕，而这名军官在拘捕时被射杀。

那名军官在奈博伊沙·佩里奇被押过来后，没收了其试图证明自己身份的那枚警徽，并且撕碎了记录着其在内务部职务的证明文件。“连电都不通了要电脑也没用。”军官这样说道。

之后，奈博伊沙·佩里奇被移交到了关押着众多塞尔维亚人的卡扎尼集中营的另一名军官那里。这名军官是一个广为人知的刽子手，手上沾有众多塞尔维亚人的鲜血。

“但是，我比较幸运。”奈博伊沙·佩里奇被移送至卡扎尼集中营时，这名刽子手军官已经就寝，因此他先被关押进了监房。

当时，不知是因为文件管理太混乱，还是有别的什么乱子，总之奈博伊沙·佩里奇始终没有被移交给刽子手，一直关押在狱中。

约在三周后，奈博伊沙·佩里奇在进行了第五次尝试后，终于成功越狱。

虽然至少没有了被处死的生命危险，但是他却没有能够在内战中帮助自己获得配给的身份证明。

当时奈博伊沙·佩里奇想出了一个一般人很难想得到的大胆计划。塞尔维亚人奈博伊沙·佩里奇这次来到了克罗地亚武装组织“克罗地亚防卫委员会”(HVO)的办事处，申请加入。之后，他成功地获得了身份证明。

后来奈博伊沙·佩里奇成了一名人道主义无政府组织的管理人员，从事向萨拉热窝提供粮食、生活必需品等资源物资的工作。他利用自己在各势力中都吃得开的优势，跨越各民族主义势力的壁垒，成功地将卡车开进了萨拉热窝，以黑市几十分之一的价格为人们提供食物，但是之后却因为被这个无政府组织的首领嫉妒而发生冲突，离开了这个团体。

与其他生活在包围圈中的人们一样，奈博伊沙·佩里奇也是在同身边的人互帮互助、结成强有力的纽带的同时，努力求生。

奈博伊沙·佩里奇这样回忆道：

“白天因为不知道什么时候就会受到怎样的攻击，所以几乎没有人在室外活动。人们都是在夜幕降临后，才开始社会性交往。学习外语、读书或者仅仅是闲谈。如果不信任身边的人的话，很难活下去。从某种意义上来说，我们是不得不携起手来的。”

之后一直到内战中期，奈博伊沙·佩里奇的身边都相对比较平稳。但是到了内战末期的1995年秋，危机再次降临。当时他得知自己被波什尼亚克人掌控的波黑当局盯上，名字被列入了一份“需要特别注意的人物名单”。

当时致力于以外交手段结束内战的和平交涉已经开始。奈博伊沙·佩里奇也预感不久之后战争就会结束。

奈博伊沙·佩里奇为了熬过正式议和前的这段时间，想出了一个争取时间的方法，那就是装病，蓄起乱糟糟的胡须，经常造访医院，并且使用贿赂让医生在验血时用重病患者的血液代替自己的血液。通过这些手段，奈博伊沙·佩里奇最终撑到了内战正式结束，而那份写着奈博伊沙·佩里奇名字的“需要特别注意的人物名单”也无疾而终，总算熬了过去。

奈博伊沙·佩里奇这样形容波黑内战：

“在之前这场战争中，我不知道究竟谁是敌人，谁又是朋友。”

奈博伊沙·佩里奇身为塞尔维亚人，却选择了留在被塞尔维亚人包围的萨拉热窝，机智地化解了因为民族出身而带来的危险，利用聪明才智成功地活过了战乱。即使是这样一位人物，也会发出“不知道究竟谁是敌人”这样的感叹。他的话可以说反映出了战争的荒谬和愚蠢。

第七章

内战结束和战后体制

局势变化和四个月的停战

进入1994年之后，波黑内战的当事人——各民族主义势力之间的关系、国际社会舞台上为实现和平而进行的外交努力两方面都出现了变化。而这种变化的背后，是以北大西洋公约组织的介入为代表的美国对南斯拉夫方针的转变。

在此之前，美国一直在试图让波什尼亚克族、克罗地亚族、塞尔维亚族这交战三方的民族主义势力中的前两者联合起来，对抗塞尔维亚族势力。1994年3月，根据在华盛顿签订的协定，建立了整合波什尼亚克族和克罗地亚族的“波黑联邦”（又译“穆克联邦”）。

外交方面，当年4月，由美国、俄罗斯、英国、法国、德国五国组成的联络小组(Contact Group)框架取代了一直以来尝试进行外交调停的联合国和欧共体(以及其继承者欧盟)。同年，也就是1994年7月，该联络小组的外长会议上，各方达成了一个将波黑全国分为"波黑联邦"和"塞族共和国"两部分，双方国土面积各占51%和49%的和平方案。

取代三足鼎立之势的"塞族势力"对"另外两支势力的联合"这样一种和平提案，得到了联络小组各成员国的背书。

该联络小组的一大特色，就是俄罗斯的参加。俄罗斯对于同属斯拉夫民族的塞尔维亚人拥有巨大的影响力。因此，由包括俄罗斯在内的联络小组提出一个和平方案，更容易给塞尔维亚共和国总统米洛舍维奇施加压力。

在塞尔维亚国内，自克罗地亚内战以来，由于国际社会的经济制裁，国民经济处境困难，人民的不满情绪高涨。米洛舍维奇担心事态进一步发展下去会动摇自己的统治，因此为了能解除经济制裁获得国民的欢心，支持了联络小组的和平提案。而站在波黑塞族共和国的立场来看，这种明哲保身、只顾自己利益的行为无疑是一种背叛。双方关系急剧恶化。

米洛舍维奇于1994年8月宣布同"塞族共和国"断交。作为回应，"塞族共和国"于当月末实施了全民公投，拒绝了联络小组的和平方案。

看起来似乎加快的和平进程再一次陷入停滞。但是在此期间，"塞族共和国总统"卡拉季奇却拜托美国前总统卡特帮忙调停。在20世纪90年代中叶的这段时间里，卡特利用自己前总统这一已经离职的身份，多次周旋于海地、朝鲜等纷争地带，进行和平外交工作，波黑方面也赞赏其成绩，委托其进行调停。随着卡特到达后开展的斡旋活动，双方从1995年1月开始了四个月的停战。

斯雷布雷尼察大屠杀

从停战到期的1995年春天开始，战局再次发生了巨大的变化。从年初开始，利用四个月停战期加强了自身军事能力的波什尼亚克族势力的波黑军队，与同属波黑联邦阵营对其进行支援的克罗地亚族势力的克罗地亚防卫委员会（HVO）联合，双方的军队对塞族军队发起了反攻。

作为回应，塞族军队对他们判断藏匿有波黑军队的联合国设立的安全地带发起了围攻。其中的焦点，就是波黑东部一座被设为安全地带的小城斯雷布雷尼察。

塞族军队首先扣押了驻扎在斯雷布雷尼察附近的联合国保护部队（UNPROFOR）的荷兰士兵，之后不顾影响地开始了军事作战行动。1995年7月，塞族军队攻陷了斯雷布雷尼察。在整个作战期间，塞族军队杀害了7000人以上的波什尼亚克族居民。这就是被称为第二次世界大战之后欧洲最可怕的大屠杀行为的“斯雷布雷尼察大屠杀”。

1995年8月28日，萨拉热窝中心市场再次受到炮击，37

人死亡。如上一年2月遭受过的炮击一样，这次也被外界认为是塞族势力所为。

北约对此实施了惩罚性的军事行动，对塞族军队目标展开了激烈的空袭。而在地面战斗方面，塞族军队也于1995年秋，在波什尼亚克人和克罗地亚人两方势力的联合进攻下陷于劣势。

同时当年夏天，邻国克罗地亚的局势再次激变，这又造成了波黑塞族人的处境进一步恶化。

四年前的1991年，克罗地亚内战结束时，塞尔维亚族势力宣布自治的区域，具体来说就是克罗地亚中部的克拉伊纳地区以及靠近塞尔维亚－克罗地亚边境的东斯拉沃尼亚地区被联合国保护部队控制，事实上处于国际管理之下。两地的塞尔维亚族势力自称“克拉伊纳塞尔维亚人共和国”，保持着一定的武装。

但是克罗地亚政府军于1995年8月，对克拉伊纳的塞尔维亚族势力发动了突袭作战，攻陷了这一地区。

克罗地亚和波黑的两支塞尔维亚族势力一直保持着合作关系，因此克拉伊纳的沦陷对波黑塞族人来说，意味着他们失去了一支重要的同盟势力。

在波黑内战中明显开始处于劣势的塞尔维亚族势力开始寻求停战。1995年9月，继春季的停战之后，波黑内部再次达成了停战协议。从大变的局势来看，之前一直处于优势的塞尔维亚族势力不得不后退，这让人们十分关注这次是否能真正实现和平，结束持续了三年半的内战。

代顿和平协议与内战的结束

1995 年 11 月，在美国俄亥俄州代顿市的赖特·帕特森空军基地中，召开了一场旨在达成和平协议的会议。

从这次会议的场地选择，就可以明确地看出美国政府是此次的斡旋者。

波黑和谈达成协议

更重要的是参会代表的组成。波黑政府，也就是波什尼亚克人的主席团主席阿利雅·伊泽特贝戈维奇所率领的代表团自然要出席，而在塞尔维亚人和克罗地亚人两方面，坐在首席的却不是内战实际的当事人，而是塞尔维亚共和国总统米洛舍维奇和克罗地亚共和国总统图季曼。两个民族各自“母国”的总统，取代实际当事人出席了会议。

波黑塞族共和国总统卡拉季奇因为被联合国的前南斯拉夫问题国际刑事法庭（ICTY）起诉，一旦前往美国有可能会被抓捕，所以没有担任这次会议的塞尔维亚方代表。

美国政府则派出交涉风格强硬的铁腕外交官副国务卿理查德·霍尔布鲁克全权处理现场事务。理查德·霍尔布鲁克将伊泽特贝戈维奇、米洛舍维奇、图季曼三名首脑以及他们所率领的代表团安排在空军基地内拥挤的住宿处，提示他们在这里除了达成和平协议外没有别的出路。

新的和平方案总体来说还是以1994年时联络小组所提出的和平方案为基础。由波什尼亚克人同克罗地亚人联合组成的“波黑联邦”(之后的宪法中的正式名称为“波斯尼亚和黑塞哥维那联邦”)和“塞族共和国”两个可以说是准国家的实体将国土二分，前者占51%，后者占49%，国境线的划分这一点与之前的和平方案相同。

当事各方在围绕方案细节讨论时，为了在地图上划分边境时让己方能占哪怕一点点优势相争不断，1995年11月1日开始的交涉多次陷入进退两难的境地。

但是最终，让米洛舍维奇和图季曼两位总统参加本次交涉的做法取得了效果。交涉最后以略晚于之前设定的11月19日这个最终期限，在11月21日下午，各方达成了和平协议。

首都萨拉热窝划归“波黑联邦”。连接波黑北部和东南部被分割成两块的塞族共和国的走廊地带——布尔奇科地区的归属暂时保留，之后这一地区的归属于1999年以成立特区的形式确定下来。

代顿和平协议于1995年12月14日在巴黎正式签署。以美国总统克林顿为首，联络小组成员国美国、英国、法国、德国、俄罗斯五国首脑都列席了签署仪式。

绵延超过三年半之久的波黑内战，终于宣告结束。

战后的历程

根据代顿和平协议，北约主导的多国维和部队(IFOR)将取代内战期间驻扎在波黑的联合国维和部队进驻波黑，并负责维和等安全保障方面的工作。

民政方面，国际社会派出的行政方面的首席负责人“和平代表”将进驻萨拉热窝，这名代表拥有包括对波黑政府人事、立法上的否决权等极强的权限。

波黑在当时事实上是延续了内战期间体制的不完整的国家。

根据代顿和平协议而制定的新宪法规定，“波黑联邦”和“塞族共和国”各自拥有议会和行政机构，各自设有总统和总理的职务。

波什尼亚克族、塞尔维亚族、克罗地亚族三个民族是组成波黑国家的“构成民族”，国家最高决策机关是一个由三个民族各自选举一人组成的主席团(任期四年)。外交仪式上的国家元首为主席团主席，由三名成员以8个月为任期轮流担任。

这一代顿体制在之后一直到现在都几乎没有改变，构成了波黑政治的基本框架。

南斯拉夫的完全消失

从波黑内战结束到现在，反而是曾经作为各民族主义势力的“母国”，给交战方带来很大影响的塞尔维亚、克罗地亚两国发生了较大的变化。

塞尔维亚总统米洛舍维奇在之后成为塞尔维亚和黑山组成的南联盟(第三南斯拉夫)的总统，继续执掌塞尔维亚的政权。但是从1999年3月起，北约以南联盟在科索沃自治省大规模地侵犯阿尔巴尼亚人人权为由，对南联盟实施空袭。

黑山当时已经开始渐渐同塞尔维亚划清界限，虽然北约的空袭目标也包括黑山境内的南联盟军事设施，但是他们军事介入的主要打击目标还是米洛舍维奇的塞尔维亚。78天的空袭之后，科索沃实际上已经脱离了塞尔维亚的控制，处于国际管理之下。

米洛舍维奇在第二年的2000年9月虽然再次当选南联盟总统保住了自己的权力，但是却因为选举中的不正当行为，引起了民众的反对浪潮，10月被赶下了权力的宝座。2001年，被设立在荷兰海牙的前南斯拉夫问题国际刑事法庭以战争罪嫌疑起诉，米洛舍维奇被引渡至荷兰。在审理过程中的2006年，米洛舍维奇因心脏疾病死于狱中。

脱离了塞尔维亚控制、处于国际管理之下的科索沃于2008年宣布独立。但是塞尔维亚至今仍不承认其独立。科索沃问题也始终是塞尔维亚尝试融入欧洲一体化大潮的一个障碍。

克罗地亚方面，图季曼于1999年12月任职总统期间病逝。之后，克罗地亚政局逐渐安定，经济也持续发展，并因此获准加入欧洲一体化的进程，于2013年加入了欧盟。在前南各国中，克罗地亚与同样较早独立并且加入欧盟的斯洛文尼亚一样，属于“优等生”。

而只剩下塞尔维亚和黑山两个加盟共和国的南联盟于2003年将国名改为“塞尔维亚和黑山国家联盟”。到此时，“南斯拉夫”这个国家完全消失。

而“塞黑”这个国家也可以说只是一个过渡期的存在。2006年黑山通过全民公投实现国家独立。

过去南斯拉夫社会主义联邦的六个加盟共和国，最后都成为同名的独立国家。

原本南斯拉夫社会主义联邦就可以看作是一个试图整合各加盟共和国主权的实验，随着冷战的结束而解体，过去的加盟共和国也各自成为独立国家。

但是在进入21世纪以后，先行者斯洛文尼亚、克罗地亚已经成功加入欧盟，而剩下的国家也纷纷以加入欧盟为目标，不愿错过欧洲一体化的大潮。意识形态虽然从社会主义变成了资本主义，但是从分裂到统一这一历史进程却多少让人感到有些讽刺。

“失去的二十年”

现在造访萨拉热窝，会觉得这是一个一眼看上去没什么特征的不显眼的欧洲边境城市。但是深入体验之后，就会发现在波黑，历史不是单纯的过去，历史仍然影响着现在的生活。

20世纪的波黑，确实发生过很多次以民族为由的战争和迫害。

但是拥有多民族共存传统的萨拉热窝市里，生活着很多民族归属难以简单划分的人。政治家们试图将人们划分为“我们=自己人”“他们=敌人”。政治家煽动人们对其他民族的憎恶时，也有人保持着宽容的传统，抵抗这一风潮。我们不应该简单地给这里贴上“民族纷争之地”的标签。

从波黑内战结束到现在，已经过去了20年。

但是与之前的历史相比，人们提起这20年的历史的次数要少得多。也因为内战所造成的苦难实在太大，因此内战结束后的这20年成了“失去的二十年”。

波黑内战在某种意义上至今仍未结束，其国内的政治体制就说明了这一点。1995年的代顿和平协议是一种保留内战期间各势力现状的解决方式，因此波黑虽然名义上是一个国家，但是在国内却有“波黑联邦”和“塞族共和国”两个实体，各自拥有准国家体制以及领土，这种情况出人意料地持续了很久。

在内战中以塞尔维亚共和国为后盾的塞族势力统治区域为“塞族共和国”，而剩下的波什尼亚克族和克罗地亚族两势力的统治区域则组成“联邦”，各自拥有总统、总理、各部长等政府机关、议会、警察。

北约主导的以欧美为主体的国际部队驻扎在此，是为了防止双方再次发生交火。

这一体制基本没有发生改变，一直延续至今。

现在的萨拉热窝，战争时期毁坏的房屋残骸越来越少。但是即使外表上恢复了正常，人们的内心里面，是不是还没有完成对过去的清算？

第八章

如何清算过去，如何讲给未来

指责国际法庭的被告

在正面的阶梯式座位上，坐着穿着长袍的法官们。

在其两侧，面对面摆着两排桌子。一个头发花白的人，坐在左侧第二排。他穿着藏青色的西装，戴着条纹领带，衬衫则是绛紫色的。看得出他过去体格很好，但是可能因监狱生活变得消瘦，西装看起来不是很合身，即便如此，也能看出这个人的穿着打扮是费了一番心思的。

被告拉多万·卡拉季奇在波黑从1992年春开始的绵延了三年半的内战中，担任"塞族共和国"总统。因为他是一个"大战犯”，所以美国一度对其开出了500万美元的悬赏。

2015年1月28日下午，卡拉季奇正坐在荷兰海牙的联合国前南斯拉夫问题国际刑事法庭的三号法庭中。

包括波黑在内，前南斯拉夫在冷战后的20世纪90年代发生的数次纷争中，发生了多次针对特定民族集团的种族清洗、大屠杀以及针对平民的虐待、强奸等“反人类罪行”。

在国际舆论寻求对他们进行审判的背景下，1993年根据联合国安全理事会的决议，设立了国际司法机关前南斯拉夫问题国际刑事法庭。

1995年7月时，前南斯拉夫问题国际刑事法庭便已经起诉了卡拉季奇。当时卡拉季奇同塞族军队总司令拉特科·姆拉迪奇一起，因萨拉热窝之围以及在集中营中处决了大量的波什尼亚克人，被认为需要对塞族势力所做出的不人道行为负责。

姆拉迪奇

卡拉季奇在内战结束、自身有可能真的被拘捕之后，便开始了隐姓埋名的潜伏生活。

后来，这个法庭也起诉了执塞尔维亚本国之牛耳、曾充当波黑塞族势力后盾的前塞尔维亚总统米洛舍维奇。米洛舍维奇于2001年被抓捕并被移送至海牙，但是在审判过程中的2006年病逝在了监狱中。

而卡拉季奇则在这段时间持续潜逃，直到2008年7月才于塞尔维亚首都贝尔格莱德被逮捕。

2009年10月的一审，是一场听取了将近600名证人证言的马拉松式审判。2014年10月终于结束审理，等待宣判。2015年再次开庭是为了听取被告提出的对现在收监状态的不满。

前南斯拉夫问题国际刑事法庭出于安全原因的考虑，将法庭和旁听席以玻璃隔开。旁听者在通过金属探测器后，还需要经过搜身检查才能进入，并且严禁拍照、摄像。但是在法院的大厅中，播放着经确认不会泄露证人身份信息的、延迟约30分钟的当天的审判录像。

坐在法庭内的被告卡拉季奇，正在诉说着对监狱伙食的不满。此外，还一边说着“我没有破坏规矩的习惯”，一边抱怨着互联网的使用受限等，对监狱管理的细则进行着批判。言语中的细节都在渲染自己受到了不公正的待遇。

卡拉季奇

在审理过程中，卡拉季奇始终保持着这样的姿态。

被告卡拉季奇的辩护活动主要由被告本人进行，在所有的事件上，卡拉季奇都主张自己无罪，否认自己是“种族清洗”的主谋者，并解释自己“是如何提倡和平的”；对检方所出示的证据和证人的证言，吹毛求疵地、非常细致地反驳，对于检方得出的整体结论，则指责为“歪曲”“宣传”。

在2014年10月的最终辩护中，卡拉季奇批判道“这整个法庭都是为了将责任转嫁给塞尔维亚人而设立的”，“塞尔维亚人被处以极刑，而犯下罪行的塞尔维亚人的对手们却多被释放”。

卡拉季奇试图营造一种“塞尔维亚人”与“欧美领导的国际社会”对峙的印象，试图让人们相信这次审判不是针对卡拉季奇个人的罪责，而是针对全体塞尔维亚人的审判。直到今天，塞尔维亚人当中还有一部分人认为自己受到了不公正的待遇，这是一场“胜利者的审判”。

将国际司法机构视为“反塞族”工具的风潮

在塞尔维亚本国执掌权力、在波黑内战期间影响着波黑塞族势力的前总统米洛舍维奇对前南斯拉夫问题国际刑事法庭也采取着同样的态度。到2006年因心肌梗死病逝为止，米洛舍维奇在自己的审判过程中，一直将前南斯拉夫问题国际刑事法庭称为“不合法的伪法庭”，批判这个审判的目的就是“为了将北约的空袭正当化”。

至今仍有为数不少的塞尔维亚人支持卡拉季奇和米洛舍维奇的论调。我本人常年在波黑和塞尔维亚的采访过程中，曾多次听到类似看法。

米洛舍维奇用于维护自己论调的论据，就是1999年北约对南联盟的空袭。这次空袭虽然说是北约对塞尔维亚的一次军事介入，但是无疑却助长了米洛舍维奇的言论在塞尔维亚人中的支持度。

空袭是以阻止塞尔维亚对其统治下的科索沃地区的阿尔巴尼亚人的迫害为名义进行的，但是空袭目标却覆盖塞尔维亚全境，同时还有因误炸而导致的平民伤亡。而前南斯拉夫问题国际刑事法庭正是在空袭期间，起诉了当时的南联盟总统米洛舍维奇。因此，当时有很多人将这个法庭视为“反塞尔维亚人”的一个工具。

但是卡拉季奇等人的辩驳中却存在着偷梁换柱的内容，他们在说着“我们也是受害者”时，突然就跃到“所以我们没有任何错”，否定了自身的全部责任。

而将国际司法审判批判为“反塞族”工具的风潮，仍被一些政治家利用，变成了一个民族主义的工具。

对国际人道法的不理解

“政客们的这种言行，才是实现和解的障碍。”前南斯拉夫问题国际刑事法庭驻萨拉热窝事务所联络官埃米尔·阿里奇这样说道。

前南问题国际刑事法庭设立该事务所的目的，是为了让当地的前南各国的人们消除根深蒂固的偏见，该事务所隶属于法庭于 1999 年创立的外联部。

对前南问题国际刑事法庭设立的意义，埃米尔·阿里奇解释道：“是为了追究亲手犯下不人道罪行的或是出于领导地位的个人责任。并不是要将某一个民族当作恶人，让他们背负集体责任。

“但是对前南问题国际刑事法庭进行批判的那帮政客，仍然是用‘我们民族赢了还是输了’的观点来看待审判。可以说虽然他们放下了手中的武器，但是脑子里仍然在持续着那场90年代的内战。”

一个典型的例子，就是一直存在否认内战末期的“斯雷布雷尼察大屠杀”存在的言论。

关于该事件，2015年1月30日，前南问题国际刑事法庭上诉部门驳回了被认定犯下大屠杀罪行的5名原塞族军官的上诉，维持一审的有罪判决。这样一来，这5人的终审判决也正式确定。在前南问题国际刑事法庭起诉的161人中，绝大多数已经或是做出终审判决，或是移送各国法律机关，或是因被告死亡终止审理，还剩下少数人处于审判过程当中。

实际上到目前为止前南问题国际刑事法庭所裁决的人中，不仅仅有塞尔维亚人，还有波什尼亚克人、克罗地亚人以及科索沃战争中的阿尔巴尼亚人。

就像我在前文中反复强调的那样，在内战中三支民族势力都曾犯下不人道罪行。

但是也如在第六章所介绍的波黑政府的战争犯罪调查委员会委员长姆拉登·施坦所断言的那样，整体来看塞尔维亚人对波什尼亚克人和克罗地亚人犯下的罪行最多，这一点也是不容否认的现实。在前南问题国际刑事法庭上，之所以被判有罪的塞尔维亚人更多，不是因为“反塞族”偏见，而是因为这反映了现实。

就像埃米尔·阿里奇所说的那样，按每个民族被判有罪的人数做一个相互竞争的“得分表”这种方式，来判断外界对“自己”责难的多少，本身就是一种对国际司法审判的曲解。

追寻“反人类罪”“大屠杀”等关于战争犯罪的国际法的历程，最初的一大步，是在第二次世界大战后对纳粹德国针对犹太人的种族灭绝的纽伦堡审判。之后裁决日本战争犯罪的东京审判中，虽然有不全面的地方，但是在国际法的进程中来看，整体符合“纽伦堡原则”。

冷战时期，由国际人道法进行的审判几乎停滞，但是在冷战结束后随着各地纷争再起，此类审判的必要性再次提高。特别是在前南斯拉夫解体过程里的一系列战争中，前南问题国际刑事法庭所做出的功绩不容忽视。

前南问题国际刑事法庭是一个根据联合国安理会决议设立的、以前南斯拉夫国家在冷战后的一系列问题为限定对象的暂时性的法庭。在冷战后的一系列地区纷争中，联合国还设立有卢旺达问题国际刑事法庭。在这些暂时性的法庭取得了一系列的成绩后，1998 年的罗马会议上，各国签署了旨在设立一个常设的对战争中个人犯下的罪行进行审判的国际司法机关——国际刑事法院（ICC）的条约，该条约于 2002 年生效，2003 年国际刑事法院开始运作。

虽然经历曲折，但是从整体来看，使用国际人道法对战争中的不人道行为进行问责的这一历史潮流不可阻挡。

而将这种历史的必然趋势视为“民族势力间的博弈”的政治家们的落后言论，不管他是哪个国家、哪个民族的，都是一种妨碍和解、无助于和平的行为。

“年轻一代更理解我们”

前南问题国际刑事法庭驻萨拉热窝事务所联络官埃米尔·阿里奇本人，是一名出身于波黑东北部兹沃尔尼克的波什尼亚克人，内战时期他还是一名大学生。内战结束后，曾在国内的国际援助团体中工作，之后来到了现在这个国际公务员的岗位上。虽然没有海外留学经历，但是埃米尔·阿里奇却以一口流利的英语，热情地向我解释了国际法庭的意义。同时，他还从联合国工作人员的角度，不指名地表达了对现在仍然保持着战时敌对意识的波黑政治家的失望。

“否认大屠杀的存在，这会让受害者的家人怎么想？只能认为这些政客完全没有和解的意图。”

埃米尔·阿里奇说：“年轻一代更理解我们。”

他在当地的前南问题国际刑事法庭外联部的工作中，最为投入的就是为高中学生举办讲座。他经常到那些曾有过战争犯罪的地区的学校，同学生们进行交流。到目前为止，已经共计为波黑、塞尔维亚等四个前南斯拉夫国家的约 3000 人举办了讲座。

对很多学生来说，这是他们第一次在学校教育中接触到关于内战中的不人道行为的内容。

因此，最初同学们都保持着“从父母那里听来的、从媒体上看到的那些老一套的主张”。但是当这些高中生看了录有受害者证词的影像后，他们的态度发生了明显的转变。

在整理了课后对这大约 3000 人进行的问卷调查后，可以发现，对于“是否应该不论民族、地位对战犯进行惩罚”这一问题，95% 的人选择了赞成。

对“是否认为本民族中也有战争罪犯”这一问题，66% 的人回答了“是”。支持对战犯进行裁决这一原则的学生占到了压倒性多数，而具体到自己民族，能够不进行美化、平静地看待过去的年轻人也占到了三分之二。

很多时候，埃米尔·阿里奇举行讲座的学校的老师们——这些“大人”们对他的反应要冷淡得多。比如 2014 年，埃米尔·阿里奇拜访一所学校举行讲座时，虽然他已经取得了教育部的批准，是以官方活动的目的前来的，但是前来接待他的塞尔维亚族校长却仿佛是在接待一名不速之客，甚至拒绝同埃米尔·阿里奇握手。

“我知道有声音认为‘我们应该面向未来，不应该再向年轻一代教授过去的那些污点’。但是这些年轻人所生活的现实社会，却依然被过去所束缚着。所以他们有知道过去的权利。”

埃米尔·阿里奇这样说道。

历史教育也给一线教师带来压力

据熟知历史教育情况的萨拉热窝大学历史学教授吉亚德·谢维奇透露，在波黑国内，直到现在历史教育也没有一个统一的标准。

特别是在内战刚结束的那段时间里，塞尔维亚人和克罗地亚人在各自的统治区域使用各自“母国”的教科书。而这些历史教科书中，都有很多美化本民族的内容。

进入21世纪后，波黑方面制定了统一的教育方针，“每一个学生都要作为波黑国民接受教育”，“但是是否遵守这一方针完全取决于教育一线，因此培养国民意识的教育至今没有取得进展”，吉亚德·谢维奇教授这样指出。甚至20世纪90年代的内战本身都无法出现在教科书当中。

在波黑的一些地区，同一所学校中会按照不同民族进行分班，完全没有进行整合。所以吉亚德·谢维奇教授指出，在这样的学校教育现状下，与其说是历史教育，更多是通过一些特定的战争纪念日向孩子们灌输民族主义思想，这一点令其感到十分担忧。

在萨拉热窝的中小学担任历史教师的兹贝兹达纳·马尔契奇·马特谢维奇，正在教授一个现在在波黑十分罕见的不同民族混编的班级，并且在努力尝试先进的教学方法，不仅仅是灌输知识，还要努力让学生们学会思考。

马特谢维奇曾同吉亚德·谢维奇教授一起编撰教科书。当时，教授有意地想让编委会的组成民族更加多元化，因此特地指定了马特谢维奇。

但是当时却遭到了政治家的干涉。

教科书中引起争端的内容是关于第二次世界大战的内容。二战时曾协助纳粹德国的克罗地亚极右翼民族主义组织乌斯塔沙在对犹太人和塞尔维亚人进行迫害的过程中，在贾赛诺瓦克集中营将他们大量关押、杀害。但是克族政治家们却向马特谢维奇施压，要求其“不得在教科书中涉及此内容”。

克罗地亚第一任总统、波黑内战中克族的“幕后支持者”图季曼在南斯拉夫解体过程中利用民族主义登上政治舞台之前，曾是一名历史学者。当时他发表过一份广为人知的质疑贾赛诺瓦克集中营真实性的历史修正主义论文。对于克罗地亚民族主义者来说，“贾赛诺瓦克”这个词是他们不愿意提起的过去，图季曼就是一个典型的例子。

马特谢维奇一边叹气一边解释说：“不管责任在于哪个民族，每一场屠杀行为都应当受到指责，只有这样才能防止下一场战争的爆发，这样教授历史，也是我们历史老师的责任。”

身份确认才是迈向和平的起点

前南斯拉夫问题国际刑事法庭可以说是在 20 世纪 90 年代

席卷前南斯拉夫地区的战争风暴中，为应急而成立的一个暂时性的审判机关，在1993年时根据联合国安理会的决议设立。

虽然对100多名被告的审理大多数已经尘埃落定，但是包括塞族势力领导人卡拉季奇、塞族军队领导人姆拉迪奇等人在内，因为其长期逃亡的原因，在战争结束迎来20年之际的今天，对他们的一审判决尚未做出。

前南问题国际刑事法庭这一联合国的专门机构已经提出了于2017年末结束职能的目标，之后的审理则移交给同卢旺达问题国际刑事法庭整合而成的"国际刑事法院"。

对于受害者的亲人来说，能够为他们带来正义、让他们的心灵创伤得到治愈的"终章"远未到来。

但是我在萨拉热窝遇到了一个人，称赞内战结束以来对过去的清算过程"前所未有""值得大书特书"。

为了确认在波黑内战中相继遇难的大屠杀受害者身份，于1996年成立了"国际失踪者组织"(ICMP)。我提到的那个人就是该组织的秘书长，美国人凯瑟琳·伯姆贝格。常年从事国际援助工作的凯瑟琳·伯姆贝格强调，确认死难者身份的工作是治愈内战伤痕的第一步。

据凯瑟琳·伯姆贝格称，波黑内战中有3万余人失踪，其中约2.3万人的遗体、遗骨被确认，并被送还给家属。

凯瑟琳指出："在人类历史上，过去的大屠杀中，死难者的遗体往往都难以寻觅，最后不了了之。因此与过去相比，这次我们至少正在努力尽到最低限度的责任。前南斯拉夫地区、巴尔干半岛这片区域经常被人们形容为‘暴力持续了几个世纪’，遗体挖掘、身份确认这些工作只有得到政府的同意才能进行。因此这可以看作是波黑也在努力地正视过去的历史。”

超过70%的失踪者能够确认身份，一方面是因为DNA检测技术取得的进步，另一方面也是因为“国际失踪者组织”为遗体搜索、鉴定付出的巨大努力。

同时凯瑟琳认为，身份确认工作是战后恢复法制的重要一环。

之所以有许多人下落不明，是因为在内战期间法制崩溃，许多绑架、屠杀等犯罪行为没有得到制裁。

“追究犯罪行为实施者的责任，不仅仅能为死难者遗族带来安定，而且是恢复法制的重要一步。因此作为其前提的身份确认工作的意义，也不仅仅限于人道主义。”凯瑟琳这样说道。

基于这样的考虑，“国际失踪者组织”贯彻了“不论民族、宗教，不因出身进行差别对待，为找出所有的受害者、确定他们的身份，进行同样的努力”这一方针。

得益于他们的工作，在波黑，数个由失踪者家人组成的团体正跨越民族的隔阂，加强着各民族间的相互合作。“遗族们对政府施加压力，要求他们协助确认死难者身份的做法取得了很大的成果。”凯瑟琳这样评价道。

一个典型的例子就是对塞族共和国前总统拉多万·卡拉季奇的审判。在否认犯下斯雷布雷尼察大屠杀罪行的被告卡拉季奇要求检方出示证据时，法庭随机选取了300名被害者的家属，而其中95%以上都自愿提供了DNA样本，帮助确认了被集体掩埋的人们的身份。

内战时期，那些仅仅因为自己的民族出身就被杀害、被掩埋的人，生前并不仅仅是一个个无名的波什尼亚克人、塞尔维亚人、克罗地亚人。他们的身份确认工作，也是一个帮助每一名死难者找回自己的名字、找回作为一个“有名有姓的人”尊严的过程。凯瑟琳解释道，虽然这只是一项朴实无华的工作，但是只有实现了死难者的身份确认，才是走向基于和解的和平的第一步。这与对加害者个人的审判并列，是驶向和平之车的两个车轮之一。

“国际失踪者组织”首先在波黑开始活动，并且是一家一直到2014年为止总部都设立在萨拉热窝的独一无二的国际机构。2004年起他们开始在世界范围内进行活动，2014年末成为一家基于国际法的正式的国际组织，并将总部迁往荷兰海牙。

但是凯瑟琳表示：“波黑是我们的起点。我们不可能完全离开这里。”

第九章

一体化是否取得了进展?

以民族均衡为优先的不正常的政体

波黑内战结束以来，到 2015 年末已经是第 20 个年头了。在此期间，波黑的政治完全停滞。各民族势力仍未完成对过去战争的清算，内战的影响仍然使得波黑国内社会割裂，一体化进程并不顺利。

而其中最大的一个原因就是前文中多次提到的战后保留下来的内战体制。当初为了实现和平而制定的宪法、选举制度等，仍然都保持着当初的形态。

居住在萨拉热窝的雅克布·芬奇在谈到波黑的现状时，经常采用一种讽刺的语气。曾做过律师、担任过驻瑞士大使等要职的雅克布·芬奇穿着一身整齐的西装，但是他的名字更多的却是因为一次象征着波黑现在不正常现状的起诉而被人所知。

雅克布·芬奇来自从古代起便居住在萨拉热窝的犹太人一族。他起诉的是波黑这个国家体制的缺陷，对芬奇这样的人来说，仅仅因为民族出身就被限制了一部分权利，这样一种歧视性的政体无疑是不正当的。

在这次诉讼中，波黑内战末期经过和平交涉而于 1995 年 12 月缔结的代顿和平协议成为审判的焦点。代顿协议的目的是在防止国家分裂的同时结束战争。因此，如何能达成一种波什尼亚克族、塞尔维亚族、克罗地亚族三个民族都能接受的妥协，是最优先考虑的事情。

在这一原则下，内战中各民族所割据的统治区域都得到了新宪法的追认。在波黑一国之下有“塞族共和国”“波黑联邦”两个拥有各自政府的实体，而其中的“波黑联邦”下面，又有 10 个拥有各自政府、议会，自治权很强的省。而这 10 个省的边界，是按波什尼亚克人占多数的地区和克罗地亚人占多数的地区进行划分的。

这实际上是内战期间各民族势力为了确保自己统治而将其他民族驱逐政策留下的影响。

宪法也反映着三个民族间的微妙平衡。宪法规定三个民族是地位相等的国家的“构成民族”。

政府的职位，也是以三个构成民族之间的均衡为大原则。国家元首由三个民族各出一人组成的主席团的成员以 8 个月为一任轮番担任。定额15人的上议院，三个民族各占5个席位。

但是这样一来，对不属于这三个民族中任意一个的人来说，就相当于失去了被选举权，这是一种不平等的体制。雅克布·芬奇以仅仅因为自己身为犹太人，就不能参选主席团和上议院这一点是种族歧视，是对法律面前人人平等的原则的违背，特别是还违背了欧洲人权公约为由，于2006年8月，向位于法国斯特拉斯堡的欧洲人权法院提起诉讼。在前一个月，也有一名不属于三个构成民族的罗姆人以同样理由起诉，遂两案并作一案审理。

雅克布·芬奇曾担任驻瑞士大使。他同曾代表美国政府、在实现代顿和平协议过程中进行交涉的铁腕外交官——去世于2010年的美国前副国务卿理查德·霍尔布鲁克也是旧识。

“如果没有代顿协议，可能波黑这个国家已经不存在了。但是在这个协议中，却完全没有考虑过如何建立一个民主主义的国家。”

2009年12月，欧洲人权法院做出了判决，雅克布·芬奇他们大获全胜。在欧洲人权观察员看来，波黑这个国家制度的根基上，有存在违法状况的嫌疑。将来若要加入欧盟，这一点可能会成为一个障碍。

在收到欧洲人权法院的判决后，被要求做出整改的波黑议会和各政党也纷纷赞成修改宪法这一大原则。

但是在具体到细则的讨论时，各政党代表坚持自身利益决不妥协，讨论旷日持久却没有取得进展。到2014年10月，在最终也没有做出任何修正的情况下，迎来了换届选举。

比观察员地位更高的代顿协议

在代顿协议的框架下，为了避免内战时交战的各方民族主义势力再次爆发冲突，并推动战后重建工作，国际社会派出了一名观察员——和平代表。第一任和平代表为瑞典前首相卡尔·比尔特，之后的历届和平代表也都由欧洲各国的政治家和前外交官担任。

和平代表以及其所领导的和平代表事务所（OHR）拥有对波黑主席团轮流出任的国家元首的人事否决权，并且拥有强制性立法措施，拥有比选举产生的波黑各部长和议会更高的强大权限。但是这一拥有极大权限的和平代表本身也是代顿体系的一部分，因此他并没有权力去更改构成一切基础的代顿协议本身。

虽然在雅克布·芬奇一案中已经暴露出了基于代顿协议的波黑国家体制的矛盾，但是和平代表也无法用自己的权力对此做出改变。

因此在欧洲人权法院做出判决后的五年时间里，没有发生任何改变。

在波黑，不仅仅是国家这一级别有部长，“塞族共和国”“波黑联邦”这两个实体以及下面的各省也都有自己的部长，全国合计共有100多位“部长”。

据雅克布·芬奇透露：“每一个部长都配有专门的警卫和

两台警车。”对他们来说，不管到哪里都有警车随行这种特权待遇无疑是十分愉快的，因此其对要求他们放弃这种特权的改革消极应对。但是这种特权却往往容易成为腐败的温床。

犹太人幸存下来了吗？

雅克布·芬奇现在已经脱离了公职，以志愿的形式担任当地犹太人共同体的名誉会长。

从人数上来看，波黑犹太人是一个规模非常小的民族集团，但是却曾为历史添加了一种独特的色彩。最初是在 15 世纪末，将穆斯林从伊比利亚半岛放逐的西班牙人对犹太人也采取了迫害政策，当时这些犹太人为了寻找安居之地，来到了宗教氛围宽容的奥斯曼土耳其统治下的波黑。

但是这一宽容之地之后也曾有过反犹主义、犹太人受到迫害的时期。第二次世界大战时，为纳粹德国效力的克罗地亚民族主义组织乌斯塔沙效仿纳粹，对犹太人进行了残酷的迫害。因此在乌斯塔沙统治波黑时期，许多原本生活在这里的犹太人逃往国外。

雅克布·芬奇一家原本也打算逃往国外，但是却在亚得里亚海沿岸意大利控制区被扣押，开始了集中营生活。与纳粹和乌斯塔沙不同，意大利军队虽然也会关押犹太人，但是他们的集中营中甚至连铁丝网都不设，可以说处境要相对好得多。1943 年 10 月，雅克布·芬奇出生在集中营中，当时意大利刚投降不久。

在现在的波黑，约有 700 名犹太人生活在首都萨拉热窝，加上生活在其他地区的，总计有 1000 人左右。内战前，许多居住在萨拉热窝的犹太人逃往以色列和美国等国外地区，其中大约有 40% 在战后回到了萨拉热窝。

雅克布·芬奇强调，从现在的波黑犹太人所处的环境来看，他们同其他民族集团、其他宗教的关系良好。“三个主要民族忙着互相争斗，没人把我们放在眼里”。

但是这个获得了安宁环境的犹太人社会，却因为年轻一代大量向国外流出而陷入老龄化问题，并且规模也在逐渐缩小。雅克布·芬奇本人的两个儿子都生活在美国，“也许我将是我们家族中，最后一个葬在萨拉热窝的人了。”雅克布·芬奇寂寞地说道。

波黑是否能够继承宽容的传统，让犹太人也能自豪地成为国家的一员？雅克布·芬奇等犹太人的存在，对波黑这个国家提出了一个重要的问题。

军队是罕见的一体化的象征

即使在 1995 年末内战结束之后，波黑国内仍然有着很深的隔阂。

但并不是说在所有领域国家的一体化都没有取得进展。一个典型的例子就是国防，这对于一个刚经过内战的国家来说也许有些讽刺。

在内战刚结束时，波黑虽然是一个国家，但是国内却有两支军队。在三个民族势力当中，塞族势力的军队，成为被宪法承认的实体——“塞族共和国军”，虽然高级军官都失去了职务，但是组织本身被保留了下来。剩下的波什尼亚克族和克罗地亚族的军队则被整合成为“波黑联邦军”。

为了避免两军再次交火，国际社会派出了由北约主导的多国维和部队。这支部队规模最大时达 6 万人。

之后随着局势稳定下来，多国维和部队的规模也不断缩小。2004 年欧盟主导的国际部队取代了北约。现在，欧盟在波黑仅仅驻扎着一支 600 人的维和部队。

在波黑国内，“塞族共和国军”和“波黑联邦军”两军并存的状态并不长久。在国际社会的监督下，两军开始着手整合。2005 年 12 月时，建立了统一的波黑军队。

2014 年 12 月，在萨拉热窝举行了波黑军队建立 9 周年的纪念活动。

这次活动是为了宣扬这支跨过隔阂实现了一体化的军队而进行的。在萨拉热窝以及“塞族共和国”的中心城市巴尼亚卢卡的街头，正在大学学习音乐的未来的演奏家们同军乐队一起，不问各自民族出身，肩并肩进行了演奏。

国防部长泽凯利亚赫・奥斯米奇致辞，对当年 5 月大规模洪水袭击包括波黑在内的巴尔干各国时军队所展开的救灾活动等贡献给予了赞扬。这次灾难在波黑造成了 25 人死亡，近 9 万人无家可归，受灾面积波及全国。

在向孩子们征集文艺作品举行的大赛中，获得最高奖项的是一名女孩，她写了一首诗，来表达对士兵们救助被洪水包围的村庄时的自我牺牲精神有多么感动。许多波黑人认为，在直面了这次洪灾后，波黑才第一次萌发了跨越两个政治实体的壁垒和民族差异，将邻居认同为一国同胞并对他们进行帮助的精神。而在这一过程中，军队站在了第一线，因此受到了国民的好评。

在活动结束后的宴会上，在场的将军、各级军官们，不问各自的民族，愉快地进行交谈。

在波黑，军队得到国民信赖的领域不仅限于救灾。在清除内战留下的一大负面遗产——地雷的过程中，军队也发挥了中流砥柱的作用。

波黑内战结束后，残留下的地雷最多时有 100 万枚以上。战后的排雷工作持续了很久。为了推广反地雷公约，英国的戴安娜王妃曾特地前往波黑的排雷现场，在当时引起了国际社会的关注。

但是这一地雷危害至今仍未能完全消除。在宴会时抽空接受采访的国防部长泽凯利亚赫·奥斯米奇指出，有一些原本埋在地下的未处理的地雷因 2014 年春天的洪水而被冲至地表，威胁居民的安全，强调地雷处理远未结束。

波黑于 2010 年成为北约的候补成员国。在我问到对将来加入北约的展望时，国防部长泽凯利亚赫·奥斯米奇以这样一句话展示了他的信心："内战刚结束时，是外国向波黑派遣维和部队，而现在，波黑已经在向国外派遣维和部队了。"

国防部的宣传部门为我介绍了一名曾被派驻国外的维和士兵，我对其进行了采访。

不管是在波黑，还是在阿富汗

戈兰·赛克里奇少校，曾于 2014 年 3 月至 8 月被派驻阿富汗北部的马扎尔谢里夫，担任国际安全援助部队（ISAF）的北部军区司令部参谋。

"我是在内战后才开始在军队中任职的，之前并没有上过战场，对我来说，阿富汗是我首次经历战火之地。"

戈兰·赛克里奇使用流利的英语回答了我的提问。他的语言能力是在军队内部的语言研修班里磨炼的。采访过程中戈兰·赛克里奇始终保持着微笑，如果不是身上穿着的军装，会让人以为是在同酒店的前台人员对话。

赛克里奇是塞尔维亚人，出生于波黑东北部的别利那。

在南斯拉夫解体、内战爆发前的 1989 年，戈兰·赛克里奇进入了首都贝尔格莱德的一所人民军的陆军少年学校就读。因为亲戚中有一名年长的表亲是南斯拉夫人民军军人，赛克里奇被其吸引，选择了这条道路。

1991 年，斯洛文尼亚、克罗地亚独立后，班级中的斯洛文尼亚族、克罗地亚族同学纷纷离开了学校。对于当时还是少年的戈兰·赛克里奇来说，不久前还是同学的人们，为何却仅仅因为民族差异而选择了离开，当时他的内心一时间无法接受。

从学校毕业后的戈兰·赛克里奇于1997年进入军队，当时他被分配到的地方，是仍然独立存在的“塞族共和国军”。

不久，军队实现了统一。“大家互相都能接受对方，并不会将对方视为不同的存在。我们从来没有因为民族差异的原因而发生过争执。”

波黑军队派往阿富汗的维和部队中有波什尼亚克人也有克罗地亚人。对此少校并没有感到有任何问题。

过去曾分属不同的势力、由不同的组织整合而来的波黑军队的经验，反而能帮助他们在阿富汗同来自其他国家的军人更好地合作开展工作。不管是在波黑，还是在阿富汗，职业军人在合作完成任务时最重要的就是“不管身处哪里，重要的是将对方当作一个人来看待”。戈兰·赛克里奇的经历让他更加坚定了这一信念。

驻扎在阿富汗的国际安全援助部队的指挥系统以北约为主导。戈兰·赛克里奇少校所在的参谋系统中，有很多欧洲军人都曾在北约体系下，从20世纪90年代到21世纪初在波黑驻扎过。

统领戈兰·赛克里奇少校所驻扎的马扎尔谢里夫地区驻军的德国司令也曾在波黑驻扎过。这位司令曾对戈兰·赛克里奇说过这样的话：“当初我根本想象不到有一天会和波黑军人一起出任务。你们来到这里，也让我明白了当初维和部队进驻波黑取得的成效，这令我非常高兴。”

虽然是一个小国，但是波黑在结束对阿富汗的派兵之后仍然在世界范围内积极参加维和活动。因为补贴丰厚，士兵的参与热情高涨。戈兰·赛克里奇少校也说：“我也非常希望能再次派驻到国外，但是因为之前派驻过一次，所以不得不从队列最后重新排起。”

过去那个北约对塞族势力实施轰炸、向波黑派驻大规模多国部队的时代已经远去，被民族主义煽动而交火的军人们也走下了舞台。

现在在波黑，军人已经成为少有的国民整合和国际合作的象征。

来到绿茵场上，还管什么民族

在体育领域，波黑又是否有团结为一个国家参赛的场面呢？

波黑的足球代表队于2014年参加了巴西世界杯，这是自1992年独立以来，波黑首次在世界杯出线。虽然在第一轮就被淘汰，但是波黑还是在对战伊朗队时，取得了历史上在世界杯上的首次胜利。

然而波黑足协曾在三年前面临着巨大的危机。国际足联(FIFA)于2011年4月时，曾对包括青年队和女足在内的波黑代表队做出停赛的处分。

做出停赛处罚的原因是波黑足协运营中的民族问题。与政界要职相同，波黑足协也延续内战期间的形势，由波什尼亚克、塞尔维亚、克罗地亚这三个主要民族各出一人共同担任足协主席。而这与国际足联做出的各国足协只能有一名主席的规定相矛盾。

当时被选为“正常化委员会”负责人的是曾担任日本国足主教练的伊维卡·奥西姆。在 2007 年执教日本队时伊维卡·奥西姆因脑梗死而病倒，之后通过康复训练得以恢复，并回到了欧洲。

伊维卡·奥西姆教练拖着他并没有痊愈的身体，同足协人员及政客们进行了反复交涉。在两个月后，达成了以“设置一名主席，任期为四年”为主干的改革方案，终于使得国际足联取消了对波黑的禁赛处分。

托他的福，波黑得以参加 2012—2013 年的欧洲预选赛，并完成了世界杯出线的目标。

但是与此同时，波黑内部塞族共和国的球迷们对此却反应冷淡，甚至在波黑取得首次胜利的比赛中，还有塞族球迷选择对伊朗队进行声援。

我决定听一听足球相关人员的看法。伊维卡·奥西姆的儿子奥马尔·奥西姆说：“对塞族共和国的球迷们不支持波黑男足，我并不感到震惊。”果然在人们的内心中还存有芥蒂。

到 2014 年为止，奥马尔·奥西姆都在父亲曾作为选手效力并执教过的萨拉热窝铁路工人队担任教练和总经理。

他过去曾同父亲一同赴日，在父亲出任日本男足主教练后，他担任过一段时间的日本职业足球队“市原千叶”的教练。他可以说是一位亲日派。

在我开始提问后，奥马尔·奥西姆苦笑着说：“果然是日本的记者，马上就问到了足球和社会整合的话题。”但是奥马尔·奥西姆认为，在目前的国内现状下，足球已经算是内部整合做得比较好的一个领域了。

比如从2002年开始，塞族共和国的球队也开始参加萨拉热窝铁路工人队所属的波黑足球超级联赛，实现了统一。萨拉热窝的球队同来自塞族共和国中心城市巴尼亚卢卡的球队在绿茵场上进行对阵，这在内战刚结束时是完全无法想象的事情。

“最开始多少会有点小情绪，但是现在没有任何问题。”奥马尔·奥西姆这样说道。与同巴尼亚卢卡的球队的比赛相比，反而是同传统对手，比如说来自波黑东北部城市图兹拉的球队比赛时，双方球迷更容易产生过激情绪。

继伊维卡·奥西姆之后，第二位担任日本足球队主教练的波黑教练瓦希德·哈利霍季奇曾常年在法国作为选手效力、执教，包括波黑在内的前南斯拉夫各国的足球界，有很多人活跃在欧洲主要国家的赛场上。

因为内战的影响，这种人才外流的趋势进一步增强。据奥马尔·奥西姆介绍，在孩提时代因为躲避内战逃至欧洲各国或是父母逃至欧洲各国出生在当地的波黑裔的球员，使波黑代表队的实力更上了一个台阶。

2014年世界杯时，波黑代表队的大多数成员都是在欧洲各国效力的。其中来自波黑超级联赛的只有一人，作为候补的门将被选入代表队。这名球员为巴尼亚卢卡的球队效力，“但是他从民族上来看却是波什尼亚克人”，奥马尔·奥西姆指出。这可以说确是正在跨越民族差异的一个典型例子。

在介绍了这个例子后，奥马尔·奥西姆说出了下面这句话：“在萨拉热窝铁路工人队，每个民族都有几名选手。但是在你问我这个问题前，我完全没有意识到这一点。”也许是因为来到绿茵场上之后，对大部分选手来说，民族意识已经没有意义了吧。

“问题在于试图利用足球的政客们。他们完全没有进行整合的意愿。”

在这里，我再次听到了对政治家们的不满言论。

第十章

欧洲人和穆斯林的双重身份

主动皈依伊斯兰教

居住在萨拉热窝的波黑电影导演艾达·贝吉奇，曾在 10 年前主动做出了一个重要决定。

从民族上来说，她是波什尼亚克族。在波黑的三个主要民族中，波什尼亚克族比例最大，超过总人口的 40%。波什尼亚克族过去也曾被称为穆斯林族或穆族，他们是奥斯曼土耳其统治时期改宗伊斯兰教的斯拉夫人的后代。

但是在社会主义南斯拉夫时期，许多波什尼亚克族人成为无神论者。因此，虽然人们常常因为他们民族的名字产生误解，但波什尼亚克族并不一定都是穆斯林。

贝吉奇本人出生在萨拉热窝的一个完全世俗化的家庭，在成长过程中也几乎没有接触过宗教。

让她发生改变的原因，是20世纪90年代的内战。贝吉奇在围城中的萨拉热窝度过了多愁善感的青春期。“死亡就在自己的身边，所以我开始思考生命的意义。”贝吉奇这样回顾道。

那也是一段贝吉奇探寻自我的日子。最初，贝吉奇对佛教产生了兴趣。但是佛教的存在太过遥远，身边也没有传道的场所，因此她放弃了佛教。贝吉奇也曾对基督教抱有兴趣，也曾去过教堂。

在经过了这些摸索后，最终贝吉奇选择了伊斯兰教。最初，因为自己民族的原因，她觉得“伊斯兰教离自己太近，所以刚开始对伊斯兰教敬而远之，但后来渐渐明白过来”。

内战之后，贝吉奇的信仰逐渐加深，并且做出了一个重要决定，遵循穆斯林女性的传统，在外人面前佩戴头巾，将头发全部遮盖起来。

贝吉奇的父母、一同合作的摄影师也就是她的丈夫都反对她的行为：“你变成激进派了吗？”但她并未动摇：“是否佩戴头巾，是我和真主之间的决定，我既不会接受别人强迫我佩戴，也不会接受别人强迫我脱掉头巾。我已经足够成熟了，对自己的选择有自信，所以才做出了这样的决定。”这是一个自由的选择。

因为贝吉奇佩戴头巾，和她合作的音响师曾一度疏远她。但是之后再度合作制作电影时，那位音响师发现：“什么啊，你还是那个你，内心完全没有变嘛。”“是啊，我明明还是我。”贝吉奇笑着回答他。

在萨拉热窝旧城区附近一家旅店的咖啡馆里，我见到了贝吉奇。她戴着一件色彩斑斓的头巾，看起来很时尚。很多人带有一种刻板印象，提起“戴头巾的穆斯林女性”，往往会和“狭隘”联系起来。但是在交谈中可以发现，贝吉奇与这种“狭隘”完全联系不到一起。

“跟风去同情伊斯兰教，不过是一种政治上的伪善。”艾达·贝吉奇这样说道，并同富有攻击性的宗教激进主义划清了界限。

就波黑日益促使民族分化的教育现状这一问题，贝吉奇提到她曾拍摄过一部纪录片，批判这种“将孩子们教育成民族主义者的体系”。

这部贝吉奇自编自导的长篇电影《萨拉热窝的孩子》于2012年上映，并被选为波黑的代表作品，参与次年奥斯卡最佳外语片的角逐。该片以内战后的萨拉热窝为舞台，通过描写一对在战争中失去父母、相依为命的姐弟的悲惨生活，反映了波黑的阶级差距、腐败等种种社会问题。

片中的主角是一个“在餐厅的后厨打工的23岁的波什尼亚克族女性”。她和贝吉奇一样，也是成年之后才确立了对伊斯兰教的信仰，开始佩戴头巾。

饰演这一角色的演员，现实中是一名塞尔维亚族学生，在波黑塞族共和国的中心城市巴尼亚卢卡学习表演。贝吉奇在试镜中选中了她，并邀请她来萨拉热窝进行拍摄。

“看到她的第一眼，我就觉得这个角色非她莫属。至于现实中她是什么民族，和电影毫无关系。从演员的这个角度来说，她是最棒的。”贝吉奇这样说道。

刚开始撰写剧本、进行拍摄的时候，贝吉奇并没有意识到她将自己投射到了角色中。但是在拍摄过程中，担任主演的塞族女演员告诉她：“我是以导演本人为参考，塑造的角色形象。”对贝吉奇本人来说，这部电影也是一次自我发现的过程。

被引渡至关塔那摩的“伊斯兰激进派”

2015 年伊始的 1 月，在巴黎，一家名为《沙尔利周刊》(过去多译为《查理周刊》)的杂志，因刊登了一幅讽刺伊斯兰教先知穆罕默德的漫画，遭到伊斯兰激进派武装者袭击，之后不久，又有武装者袭击了一家犹太人经营的超市，并劫持了人质，这一系列的恐怖袭击事件累计造成了 17 人遇害，并且给整个欧洲带来了巨大冲击。欧洲人开始重新关注如何应对伊斯兰激进派、如何处理与伊斯兰世界的关系这一问题。

波黑无疑是欧洲的一部分，但它同时也是 200 万世代信仰伊斯兰教的波什尼亚克族人的祖国。从这个意义上来说，这个小国有其独特的一面。

在 20 世纪 90 年代的波黑内战中，那些煽动民族仇恨的势力中曾有一部分人试图构建一个宗教战争的概念，以将自身的行为正当化。

比如曾担任塞族势力领导人的拉多万·卡拉季奇，当他被指控犯下种族灭绝的罪行，在前南斯拉夫问题国际刑事法庭受审时，他称自己“只不过想保卫人们免受宗教激进主义的伤害”，主张自己无罪。

在内战中，确实曾有许多信奉伊斯兰激进思想的外国武装人员以圣战为名，趁乱进入波黑。

与能够指望“母国”援助的塞族、克族势力不同，内战中的波什尼亚克族（穆族）几乎处于孤立无援的境地，这也是武装分子进入波黑的一大背景。

从这一点上来看，当时的波黑与近年来的叙利亚十分相似，都有以“圣战者”身份流入国内的外国武装分子的存在。

进入波黑的外国武装分子总数不明，有报道称达到了数千人，但也有推测认为不会超过数百人。不过不管怎样，他们没有展示出能够左右战局的实力。

2007 年年末，当时我还是一名被派驻在华盛顿的特派记者，而为了调查伊斯兰激进派和波黑之间曾经的接触，我前往波黑进行了采访。

在“9·11”恐怖袭击事件之后，布什政府为了能够不经审判，直接关押“敌方战斗人员”，于 2002 年 1 月在古巴关塔那摩的美国海军基地内设立了关塔那摩监狱。美国以租借权为由，持续占有这座军事基地。有六名持有波黑国籍或者永久居住权的男性，质疑布什政府建立的该监狱违宪，对美国政府提起行政诉讼。

这六名男子都不是波黑本地出身，他们来自阿尔及利亚。但是没有证据能证明他们是以“外国武装分子”的身份进入波黑的。他们进入波黑时的身份都是“伊斯兰慈善团体”的职员，并在进入波黑后，同当地的波什尼亚克族女子结婚，组成家庭。

在美国遭到“9·11”系列恐怖袭击后，同年10月，六人因涉嫌“意图对萨拉热窝美国大使馆发动恐怖袭击”被波黑警方逮捕。虽然警方宣称他们是基地组织的成员，但是对他们的扣留却缺乏相关证据。

波黑联邦最高法院于2002年1月以证据不足为由下令将六人释放。但是，第二天，六人却被非法移交给了以北约维和部队的身份驻扎在波黑的美军，当时波黑最高司法机关“人权法庭”发出了禁止引渡的命令，但是这一命令遭到了无视。

这六名定居在波黑的阿尔及利亚人首先被移送到了阿富汗，之后，则被转送至关塔那摩监狱。首批因涉嫌参与“9·11”恐怖袭击而被关押在此的数百名“敌对武装人员”中，就包括这六人。

他们未经审判，便遭到关押。因质疑这种关押缺乏正当理由，六人起诉了美国政府。

美国宪法规定，“人身保护令的请求权”是基本人权的一部分，不论国籍和身份。根据这一权利，人们在被政府关押时，有权要求政府说明理由，并且政府应当给予对方争辩这个理由是否正当的机会。六人要求获释的法律依据，也正是基于“人身保护令的请求权”。

由于我无法直接采访尚被关押在关塔那摩的原告本人，便动身前往波黑，采访了他们的代理律师和妻子。他们中有人居住在萨拉热窝，也有人居住在萨拉热窝以北车程一小时左右的小城泽尼察。

原告当中，有人承认当初入境波黑时使用了伪造的也门护照，也有人的波什尼亚克族老丈人正好是美国大使馆的当地雇员。这些背景，可能就是当初搜查嫌疑人时他们受到怀疑的原因。

但是他们彼此之间有什么共通的地方吗？他们的妻子中，有人表示从来没有听丈夫提起过那些一同被逮捕的人的名字。没有任何证据表明这六名男子曾作为一个团伙进行某种活动。

从思想背景上来看，也很难找到共同点。他们的妻子中，有根本不裹头巾的世俗之人，也有人将全身包裹得严严实实，只露出一双眼睛。像后者那样严格遵守宗教戒律的女性，在波黑毋庸置疑属于少数派。从这些女性身上，除了丈夫是阿尔及利亚出身外，我们再找不出别的共同点。

所以，他们与其说是基于某些具体的嫌疑而经过刑事手续被拘捕的，不如说是因为他们看起来有可能会被伊斯兰激进派影响，而被划到一起，预防性地逮捕起来，并被引渡至美国的。

最终这场诉讼以原告六人的胜利而告终，其中五人已经于2009年从关塔那摩获释。

根据法国媒体的报道，当时仍被关押的、曾使用过假护照的最后一人也于2013年获释。在获释后，他们中有人回到了阿尔及利亚，也有人选择在法国定居。其中也有人在法国媒体的采访中，承认自己属于宗教激进主义瓦哈比派。

但是这一点远远不足以成为提起刑事诉讼、长年拘押的理由。不顾对方是否真的与恐怖组织存在交集，仅仅因为对方的出身，便长年将对方关押在关塔那摩监狱，这不管怎么说都是不讲道理的。

归根结底，如果最初波黑当局没有将人交给美军，这起缺乏法律依据的长年关押事件就不会发生。而这种有些不合情理的人身引渡之所以能得到当局批准，必须承认是因为内战后波黑特有的社会背景。

内战期间，波黑曾与国外的伊斯兰激进派产生过交集，而在全球进入反恐时代后，曾经的交集逐渐成为一个难以忽视的、扰乱波黑社会的因素。

那不是我们的伊斯兰教

在萨拉热窝市内，不管是在城市的哪个角落，都能一天五次听到清真寺的宣礼。这让人切实地感受到自己身处一片穆斯林占多数的土地上。

看到这些关于内战时以圣战者的身份来到波黑的外国武装分子以及受极端思想影响而从波黑前往叙利亚的激进分子的相关报道，很容易让人觉得伊斯兰激进派的威胁正在波黑全国蔓延。

但是从宗教的角度来看，200 万波什尼亚克族穆斯林中，倾向于极端主义的只不过是极少数。绝大多数波什尼亚克人过着平淡的日子，和极端思想毫无关系。不应该对全体波什尼亚克人产生误解。

而且虽然是穆斯林，波黑穆斯林的主流却是非常偏向于世俗的。

就像前文所述，奥斯曼土耳其统治时期，对异教采取宽容的态度。二战结束后到内战爆发的 40 多年的时间里，波黑作为铁托领导下的社会主义国家南斯拉夫的一部分，在这一时期，宗教和民族主义一度被视作禁忌。因此，虽然波什尼亚克族这一民族是奥斯曼时期改宗伊斯兰教的斯拉夫人的子孙，但在这一时期，他们大多数都没有什么宗教意识。比如，对于吃饭时是否可以饮用啤酒、红酒等酒精饮料这一点，大部分人都持世俗的态度。

而内战后，在波什尼亚克人当中出现了一种回归伊斯兰教的现象。

根据我常年在萨拉热窝等地的采访经历来看，虽然像艾达·贝吉奇导演那样，主动佩戴头巾的女性仍然属于少数，但是数量却在增加。不再供应酒精饮料的旅店和餐厅也变得越来越多。

虽说如此，但也不应该将这种对伊斯兰教的回归直接与激进派联系在一起。在内战中，塞族人和克族人可以将“母国”塞尔维亚和克罗地亚当作自己的寄托，而波什尼亚克人在国外却缺乏依靠，他们中的许多人是为了寻求一种身份认同，而走向伊斯兰教。

这种对伊斯兰教的虔诚信仰，只要不转变为针对其他宗教、其他民族的攻击性的排他主义，应该没有任何问题。

贝吉奇导演认为现在欧美媒体宣扬伊斯兰教等同于恐怖主义、煽动恐慌的行为很不妥。同时她也不赞成(波什尼亚克)女性出于民族主义的原因而佩戴头巾这种风潮，并表示自己绝不容忍恐怖主义。

贝吉奇还提醒道，世界上有十数亿穆斯林，他们来自不同的民族，拥有各自的文化，不能简单地混为一谈。“如果我们仅仅因为他们都是穆斯林，就将他们一律视为危险分子，当作敌人来对待，将他们排除出社会，这样只会挑起他们的仇恨，最后我们会自食其果。”

我也尝试去采访了波黑国内的伊斯兰教最高权威、曾长年担任大法官的穆斯塔法·西立克博士。他现在在萨拉热窝一家研究所担任所长，这家研究所以鼓励宗教间的对话和宽容为宗旨。

头发全白、蓄着胡子的西立克博士脸上总是挂着笑容。用一个日本人熟悉的比方来说，虽然所属宗教不同，但在我看来他是一位形象宛如圣诞老人般稳重而温和的人。

在萨拉热窝旧城区一角的一间办公室里，博士用英语打开了话匣子。刚一开口，他便提到了几周前发生的极端组织伊斯兰国(ISIS)虐杀日本人质事件。“我致以由衷的哀悼。”他这样说，并坚定地表示绝大多数的波什尼亚克人与恐怖主义没有任何关系：“那不是我们所信仰的伊斯兰教。”

就像前文多次提到的那样，萨拉热窝的街头，有一种包罗万象的风情。西立克博士强调，对波黑穆斯林来说，多样的文化与宗教，不仅不会同他们的信仰冲突，反而通过不同宗教间的对话，可以使自己的信仰更加完善、健全，因此应该珍惜这种宽容的风气。

西立克博士指出波黑一方面有着在周边国家的压力下，仍然保持着伊斯兰教信仰而不被同化的光荣传统；另一方面，波黑作为一个欧洲国家，也不能忽视其和欧洲的共性。

在法国发生了一系列恐怖袭击后，欧洲各地开始出现排斥伊斯兰教的声音。对此西立克博士指出：“伊斯兰教已经成为欧洲的一部分，不可能将它像一个外来的异物一样，从欧洲身上剥离。”

“文明的冲突”并非必然

波什尼亚克族是波黑国内人口最多的民族，也就是说波黑拥有为数众多的穆斯林，其中的绝大多数都与激进主义无关，他们保持着自己的信仰，同时也珍视着宗教宽容的传统。20 世纪中，他们在欧洲的这一角，三次经历战火的洗礼，仍然保持着温和穆斯林这一身份认同，将自身独特的文化一路传承下来。

虽然他们经历过因为民族主义而导致的不幸的内战，但是在今天的波黑，你很难看到有谁将民族主义感情和宗教对立联系起来。特别是在今天的萨拉热窝，可以看到大多数人已经将不同宗教共存的现状当作理所当然。

但是，在欧洲却存在着一种观点，认为欧洲和伊斯兰世界之间必将发生“文明的冲突”。

萨拉热窝的宗教宽容传统，本身不就是对这种认为伊斯兰教和欧洲互斥的论调的最有力的反驳吗？

终章

从文明的十字路口，到普遍的人性

街景中的历史

有一次我在萨拉热窝东城区的旧城的一家店里，品尝当地的著名料理 ćevapčići。就是在那时，脑海中产生了写这本书的灵感，即以自第一次世界大战的导火索——萨拉热窝事件时起就始终居住在萨拉热窝的家族成员为对象，从每一个民族中都选出对象进行采访，并以其家族史为线索描述波黑过去的历史。

将羊肉剁碎，做成饱含肉汁的烤香肠，在上面撒上一些切碎了的洋葱，再用一个圆圆的中东风格的皮塔饼包起来。这种朴素的美食，蕴含着浓厚的奥斯曼土耳其统治时期的时代风情。

奥斯曼统治时期传播过来的中东、地中海文明，源于东罗马帝国、拜占庭教会的东正教文化，神圣罗马帝国一系的天主教国家、曾经的西欧盟主奥匈帝国的统治带来的近代化成果，三者汇集在一起，构成了这座城市的城市印象。

站在萨拉热窝的街头，可以真切地感受到这个“文明的十字路口”的历史沧桑。

就像本书中多次提到的那样，在萨拉热窝的街头景象中，历史的积淀随处可见。

在东侧的老城区中，清真寺的尖塔（宣礼塔）林立，石板路面的两侧是连绵的有着红瓦白墙的低矮民居。这里还留着奥斯曼土耳其统治时期的风情，对游客来说，这里的空气中都洋溢着来自中东的异国情调。

萨拉热窝街景

在其西侧不远，从曾经的萨拉热窝事件的现场——横亘在米里雅茨河上的拉丁桥附近开始，带有浓郁哈布斯堡王朝风情的建筑便开始多了起来。多是些乳白色的外墙以及从“帝都”维也纳传过来的建筑样式。

在附近通往旧城区的一条步行大街的地面上，有这样一块石板，上面对这座城市这样概括道：“萨拉热窝，多种文化交汇之地。”

在这些建筑更西侧的新城区，米里雅茨河北岸，有一条东西向的单向三车道的马路，这条路的两侧是社会主义时期所建的高层住宅群。内战时期，这些高层住宅曾受到包围萨拉热窝的塞族武装的枪击、炮击，虽然没有倒塌，却让它们的外墙上布满了蜂窝一般密密麻麻的弹孔。

内战结束20年后的今天，大部分建筑外墙上的弹孔都已填补，不再那么显眼。马路上的电车却仍然多是一些熏黑了的、破破烂烂的家伙。

最近几年，这里新建成了很多崭新的购物中心。一些建筑的外墙上还有采用了最新技术的大幅广告影像。

从行走在萨拉热窝街头的人们的容貌来看，只能判断出他们是“欧洲人”，或是再结合他们简朴的穿着，可以判断出是“东欧那边的人”。

波黑的女性中，遵循伊斯兰传统佩戴头巾的女性虽然并不罕见，但是在我的印象中，不戴头巾的女性仍然是多数。戴头巾的女性中经常也有年轻的面孔，所以看起来戴头巾这件事和

萨拉热窝的人们

年纪并没有太大的关系。

在现代欧洲的伦敦和巴黎这样拥有众多来自伊斯兰世界移民的城市，戴头巾的女性并不是什么罕见的风景。这样一比，可以说萨拉热窝也有着不多不少的异国风情。

这不是“民族纷争”

以萨拉热窝为代表的现代波黑，虽然表面上看上去内战风波已经平息，但若是深入观察，就会发现曾经动荡的历史仍然影响着这个国家的现状。20 世纪里萨拉热窝所经历的三次战争，特别是 90 年代内战的伤痕至今仍未完全抚平。

我所采访的来自各个家族的人物，在波黑过去的 100 年里，不论是哪个民族，都曾有过因民族出身而受到迫害、被卷入战争等苦难经历。波黑的历史，很难用简单的善恶二元论进行概括，因为一个民族的历史上往往同时有迫害他人和被他人迫害的经历。

以民族差异为由划分敌我，并试图将敌对者铲除，这种思想可以说是波黑 20 世纪中反复经历的几次悲剧的根源。90 年代的“种族清洗”这个词曾因为波黑内战多次进入人们的视野，正是其典型。

然而就像本书中反复提及的那样，在波黑，特别是萨拉热窝居民的历史传统中，比起民族的差异，他们更加重视普遍的人性。提倡不同文化、不同宗教共存的宽容性，是萨拉热窝一直以来不容忽视的传统。

而当人们抛弃这种传统，试图将“外人”驱逐、纵容这种不宽容和憎恶的情感蔓延时，战争就爆发了。

但是，即使在战火蔓延的困难条件下，也依然有人铭记着宽容的传统，勇敢地拒绝盲从社会上蔓延的敌视其他民族的风潮。

在欧美媒体关于波黑内战的肤浅报道中，他们描绘了“塞尔维亚人即是恶”这样一种构图。然而虽然是少数，但是仍有一些塞尔维亚人秉承传统，在萨拉热窝围城时期，选择留在这座城市里与波什尼亚克人、克罗地亚人共命运。书中介绍过的萨拉热窝大学前教授柳博米尔·贝尔贝洛维奇、餐馆老板奈博伊沙·佩里奇就是这样的例子。

20世纪90年代的波黑内战，确实是一次由于民族主义而引起的纷争。但是，仅仅将其概括为一场“民族纷争”的话，无疑是无视了柳博米尔·贝尔贝洛维奇、奈博伊沙·佩里奇这样的人的存在，这种想法相当于认定不同民族之间必然发生战争。

延续至今的多样性和宽容传统

我接触了背景各异的萨拉热窝居民。从他们的口中，虽然具体的措辞不同，但是多次听到了类似“希望人们与其纠结于民族差异，不如在尊重各自多样性的基础上更加重视在此之上的普遍人性”这样的话语。

例如萨拉热窝战争剧院的老板波什尼亚克人尼哈德·克雷舍布里亚科维奇，他本人就非常重视萨拉热窝的多样性。

尼哈德·克雷舍布里亚科维奇是一位继承祖父、父亲家传的“三代传承的历史学家”，他曾强调萨拉热窝的宽容传统可以追溯到奥斯曼土耳其统治时代。“虽然我是伊斯兰教徒，但是我相信不同民族、宗教、文化的相遇是真主的安排。”尼哈德·克雷舍布里亚科维奇的这句话给我留下了很深的印象。

父亲是捷克裔“克罗地亚人”、母亲是犹太人的里耶卡·拉塔尔·达农一家，在第二次世界大战期间，纳粹德国的傀儡克罗地亚民族主义组织乌斯塔沙在萨拉热窝掀起反犹风潮时，她的父亲始终坚持保护自家的犹太亲戚。

“过去在这座城市里，没有人会问‘你是哪个民族的人’，因为重要的是你是什么样的人。”她的这句话也给我留下了很深的印象。

民族、年龄、职业完全不同的人，说出了相似的话。

“不管身处哪里，重要的是将对方当作一个人来看待。”统一后的波黑军队军官，曾参加阿富汗维和行动的塞族军官戈兰·赛克里奇这样总结自己的经历。这名军人是战后从军的“没有经历过战争的一代人”，从他的口中听到这样的话，令人感到欣慰，看来在波黑社会并不是仅仅充满着极端情绪。

现在的波黑社会所面临的最大的一个问题，可以说是过度的民族主义带来的政治机能的不健全。

波黑是否能够挣脱内战后“失去的二十年”，能否通过对话重新拾起宽容的传统？现在的波黑社会再一次来到了一个十字路口。

对日本而言的普遍性意义

在最后，作为一名来自日本的记者，我想谈一谈在对波黑和萨拉热窝百年史进行采访的过程中，所发现的值得日本思考的东西。

民族、文化、宗教复杂交织的波黑历史进程，即使是对专业的历史学家来说也是一个棘手的课题。本书中，为了能够以一种“对日本人来说容易理解”的形式进行表达，我特意采用了“以家族史为线索，再将个人的观点插入其中”的形式。

但是我的写作目的却不是为了普及波黑历史和民族差异的细节知识。之所以深入描写这些细节，是希望读者能够看到基于民族差异之上的、普遍性的东西。

可能有一些日本读者在看到波什尼亚克人、塞尔维亚人、克罗地亚人或是切特尼克、乌斯塔沙、游击队这样的名词后，就会认定这是“发生在遥远异国的同日本无关的事情”。确实，无论是这里复杂纠葛的历史，还是遥远的地理距离，都注定了其同日本人的日常生活没有直接的利害关系，并且对很多日本人来说这里的一切都难以理解。

但是就如我在序章中所提到的，如果只追求“简单易懂”，反而是一种危险的想法。

以民族、宗教、文化上的区别将人们划分为“自己人”和“外人”，煽动“自己人”对“外人”的仇恨，这种民族主义思维正是片面地追求“简单易懂”，而无视复杂的社会背景的产物。

回顾人类的历史可以发现，这种思想不仅仅出现在波黑内战中。20世纪前半叶，推动日本蔑视亚洲近邻、以武力为后盾实施殖民统治，并最后对“美国佬、英国佬”发动战争的思维逻辑，也是这种片面的“简单易懂”。

在现代日本，也存在着针对少数派、异见者煽动仇恨的言论问题。日本和波黑都面临着如何阻止民族主义情绪蔓延这一课题。

难道应该选择一种“简单易懂”的方式，仅仅依据对方的民族来决定是否将其驱逐到“墙外”吗？本书的读者中，若是也有人想追求这种片面的“简单易懂”，那么我希望你能倾听一下萨拉热窝的人们那句简洁的话——“归根结底大家都是人”。

虽然这句话听上去偏向理想主义，但这却是当地的人们在经历了民族主义狂潮、数万人殒命的惨痛教训后得出来的结论。即使是身处遥远的日本，并且不了解这段历史纠葛的日本民众也应该能产生共鸣，毕竟人性是相通的。

同历史的和解与国际法

在波黑等前南斯拉夫各国采访过程中，我见到了许多对日本来说似曾相识的情形。

其中的一个典型，就是关于同过去和解及历史认知等问题，以及关于国际人道法这一战后处理手段的争论。

在波黑，人们的意见分歧不仅仅存在于20世纪90年代的内战问题上，关于第一次世界大战的导火索——萨拉热窝事件的认知也存在着意见分歧。

在欧美媒体中“塞族恶人论”占据主流，这一浅薄的言论将内战的全部责任归咎于塞尔维亚人。因此，许多塞尔维亚人认为自己受到了不公正的对待，而产生了一种受害者意识。

现实中内战爆发、延续的原因错综复杂，而这种片面追求“简单易懂”的言论反而会造成事态的恶化。

虽说各个民族势力都曾犯下不人道罪行，但是施害最多的仍是塞尔维亚人，这一点是主流意见的共识。为了避免误解，在这里我再次强调，萨拉热窝之围、奥马尔斯卡的集中营还有斯雷布雷尼察大屠杀等都是不容否认的事实。

但是，仍有一部分塞族政治领导人拒绝正视对过去的责任。“塞族共和国”前总统、被告卡拉季奇就是一个典型。

他们无非是这么一套说法，就其所犯下的备受责难的不人道罪行，首先抓着其规模等细节进行纠缠，并且列举其他民族主义势力也曾犯下的反人类罪行，然后妄图以此证明自己无罪、没有做任何坏事。他们口中所谓的“塞尔维亚人的荣耀”完全是依靠回避历史、美化过去这种历史修正主义支撑起来的。

然而并非所有的塞尔维亚人都同他们一般被民族主义所驱使。

卡拉季奇等政客将围城期间留在萨拉热窝的、同极端民族主义划清界限的塞尔维亚人称为“玷污民族荣耀的背叛者”。但我认为恰恰是这些塞族少数派才配说出“荣耀”这个词。

以联合国前南斯拉夫问题国际刑事法庭为代表的、以国际人道法对过往反人类罪行进行审判的场所，本就不是民族集团角逐胜败之地。也不是为了针对某个民族集团、将责任强加在他们身上。

我曾在萨拉热窝多次听到这样的观点，那就是不要仅仅停留在模糊的一个民族对另一个民族实施屠杀这一层面，而是要更进一步，弄清一个姓甚名谁的人犯下了这场反人类罪行，并对其罪行追究具体的个人责任。只有经历了这个过程，才能实现面向未来的和解。

日本又是什么样的呢？关于第二次世界大战中，日本对中国、朝鲜半岛等地进行的侵略、殖民统治这些历史，日本是否能正确面对？其中犯下反人类罪行的个人的责任又是否得到了完全的清算？

在波黑等前南国家采访过程中，每次听闻某些塞族民族主义领导人逃避历史责任的话语时，我都会想到在日本也有着同样的一群人。

不人道罪行无法免责

近些年来，日本出现了一些基于历史修正主义的言论，声称从军慰安妇、南京大屠杀等过去的不人道罪行“不存在”。因为“战争过程中其他国家也做过类似的行为”，所以认为日本正视历史的做法是一种“自虐史观”，应当摒弃，并将东京审判称为“胜利者的审判”。就我个人的感受来看，这样的声音近些年来正在不断增多。

就如本书第六章中多次提到的那样，“塞族恶人论”的观点无疑是不具有建设性的。塞尔维亚人中也有受害者，他们的一部分甚至直到今天仍然在忍受着战争期间留下的痛苦。

比如说第二次世界大战中，在纳粹德国的傀儡克罗地亚民族主义组织乌斯塔沙所建造的贾赛诺瓦克集中营中，有众多塞尔维亚人惨遭屠杀，这是不容置疑的历史。然而即便如此，克罗地亚人一方中仍然有历史修正主义者试图自我美化。因此塞尔维亚人一方十分担忧贾赛诺瓦克的这段塞族受害史是否会被他们逐渐淡化甚至否认。

但并不是说因为第二次世界大战中，塞尔维亚人曾在贾赛诺瓦克集中营被屠杀，所以塞族势力在20世纪90年代的内战时期在集中营中所实施的那些屠杀行为就可以免责。以牙还牙的复仇行为，哪怕仅仅是限于言论上的，也只会导致双方的仇恨陷入更深的泥沼中。

日本同其“过去”也适用于此。第二次世界大战中，美国对广岛、长崎投下的原子弹，对东京等地实施的战略轰炸，无疑也是造成平民伤亡的不人道行为。但是，这并不意味着日本在亚洲等地犯下的不人道罪行可以免责。

无论是波黑等前南斯拉夫各国还是日本，在讨论到这些历史罪责时，都会出现“战争本来就是残忍的”，“追溯历史，无论是哪个国家、哪个民族多少都会有这种不人道行为”这样的辩解，并试图跳跃到“所以我们并没有做什么残暴的事情”，“所以我们不应该受到指责”这样为自己进行开脱的言论。

但是，即便是战争也有规则，也有不能跨越的底线，那就是文明。

围绕战后“审判”的不和谐音

战争中可以使用一切手段——如果用这样粗暴的理论去理解历史，那么无疑是对历史上那些怀着勇气坚持自己而不是给仇恨添砖加瓦的人的无视，是对他们尊严的损害，即使他们只是少数派。

即使是在过去的一些历史时期、民族主义风暴肆虐之时，波黑民众中仍然有人选择拒绝随波逐流，选择努力跨越民族的差异。他们的存在，就是对所谓“民族之间相互仇视、相互残杀是‘历史的必然’”这种荒谬理论的最好反驳。

围绕战后审判存在不和谐音这一点，也是波黑等前南各国同日本之间的一个相似的地方。

从现代国际人道法的观点来看，东京审判确实有各种各样的缺点，但唯独没有叫嚣日本要“抛弃自虐史观”的那些人所强调的属于“胜利者的审判”这一点。反而可以说东京审判的缺点恰恰是对受害者的考虑不周。

但是国际人道法能发展到今天的地步，也有东京审判的一份贡献。回顾国际人道法的历程，首先是在裁决纳粹德国战犯的纽伦堡审判中确立了基本原则，再经过前南斯拉夫问题国际刑事法庭的积累，最终建立了常设的国际刑事法院。而日本右翼分子却无视这一历史，到当今时代反而叫嚣要拒绝接受东京审判的结果，这种行为是对基于国际人道法审判行为的必要性的否定。

部分人将追究政治领导人和军事领导人个人责任的场所，视为自己所属的“塞尔维亚人”或者是“日本人”这样的集团整体同其他集团互相争夺胜负的场合，如果坚持这一看法，无疑将会更加难以实现同邻国的和解、建立面向未来的关系。这一点正是日本应该从波黑、南斯拉夫所经历的苦难和他们对过去的清算中学习的。

对于试图从面对同样问题的其他人那里学习一些普遍性经验的人来说，无论是萨拉热窝还是波斯尼亚和黑塞哥维那，都不是对日本来说距离遥远的无关之地。认真倾听萨拉热窝的人们对过去历史的讲述，就会感受到他们距离日本是如此之近。

参考文献

1. 岩田昌征．二〇世紀崩壊とユーゴスラヴィア戦争．御茶の水書房，二〇一〇年

2. 久保慶一．引き裂かれた国家——旧ユーゴ地域の民主化と民族問題．有信堂高文社，二〇〇三年

3. 柴宜弘．ユーゴスラヴィア現代史．岩波新書，一九九六年

4. 高木徹．ドキュメント戦争広告代理店——情報操作とボスニア紛争．講談社文庫

5. 千田善．ユーゴ紛争はなぜ長期化したか．勁草書房，一九九九年

6. 月村太郎．ユーゴ内戦——政治リーダーと民族主義．東京大学出版会，二〇〇六年

7. 鈴木健太，百瀬亮司，亀田真澄，山崎信一．アイラブユーゴ1．社会評論社，二〇一四年

8. 百瀬，亀田，山崎，鈴木．アイラブユーゴ2．社会評論社，二〇一四年

9. 亀田，山崎，鈴木，百瀬. アイラブユーゴ3. 社会評論社，二〇一五年

10. Cuvalo，Ante. *The A to Z of Bosnia and Herzegovina*. Plymouth：The Scarecrow Press，2010

11. Glenny，Misha. *The Balkans*，1804 – 2012：*Nationalism*，*War and the Great Powers*. London：Granta Books，2012

12. Lampe，John R. *Yugoslavia as History*(*2nd ed.*). Cambridge University Press，2000

13. McMeekin，Sean. *July* 1914：*Countdown to War*. London：Icon Books，2014